ASPECTOS GENERALES Y DEBERES FORMALES DE LA IMPOSICIÓN A LA RENTA EN VENEZUELA

Jorge E. Meleán Brito

Aspectos Generales y Deberes Formales de la Imposición a la Renta en Venezuela

Prólogo de
Carlos E. Weffe

Caracas 2024

© Jorge E. Meleán Brito
  Email: jmeleanb@gmail.com
  ISBN: 979-8-89480-623-5

Impreso por: Lightning Source, an INGRAM Content company
para: Editorial Jurídica Venezolana International Inc.
Panamá, República de Panamá.
Email: ejvinternational@gmail.com

Portada: Muriel Galarraga Viloria

Dedicado a GISELLE SOFÍA SÁNCHEZ MELEÁN,
LUCIANO JOSÉ GUERRA TORO y AMANDA ISABELLA BRITO PIÑA
seres de luz y cambio.

En agradecimiento a:

DIOS padre y creador.

Mis amados padres; JORGE y MELITZA.

Mis hermanos; RAMSES y ANDREA.

Al Dr. SERVILIANO ABACHE por su apoyo y

Al Dr. CARLOS E. WEFFE por su tiempo y consideración para prologar la presente obra.

CONTENIDO

PRÓLOGO DE: CARLOS E. WEFFE 15

NOTA INTRODUCTORIA 29

CAPÍTULO I 33
LA TRIBUTACIÓN DE LA RENTA 33
El deber autoimpuesto de contribuir 35
Principios constitucionales que inspiran la tributación en
Venezuela 36
   1.- Principio de legalidad tributaria 37
   2.- Principio de capacidad económica y progresividad 37
   3.- Principio de generalidad 38
   4.- Principio de igualdad tributaria 38
   5.- Principio de no confiscatoriedad 39
   6.- Principio de protección de la economía nacional, elevación
   del nivel de vida de la población y de recaudación eficiente ... 40
La renta como manifestación de capacidad económica 41
La renta, sus sistemas de imposición, impuesto y características 44
   Teorías conceptuales del término renta 45
     1.- Teoría de la fuente o renta-producto 45
     2.- Teoría del incremento patrimonial 46
     3.- Teoría de Fisher 46
   Sistemas de imposición a la renta 47
     1.- Sistema de impuesto real o cedular 48

ASPECTOS GENERALES Y DEBERES FORMALES DE LA IMPOSICIÓN A LA
RENTA EN VENEZUELA

2.- Sistema impositivo unitario 48
3.- Sistema impositivo mixto 49
El impuesto sobre la renta y sus características 50
   1.- Impuesto directo 50
   2.- Impuesto general 51
   3.- Impuesto personal 52
   4.- Impuesto periódico 52
   5.- Impuesto progresivo 52
La determinación del tributo 53
   1.- La determinación tributaria de oficio 55
     A.- Determinación sobre base cierta 57
     B.- Determinación sobre base presuntiva 58
   2.- La determinación por el sujeto pasivo o particular 59
   3.- La determinación mixta 61
   4.- La determinación judicial 61
Los sujetos pasivos y sus obligaciones 62
Clasificación general de los sujetos pasivos 63
   1.- Contribuyentes 63
   2.- Responsables 66
     A.- Responsable directo 66
     B.- Responsable solidario 69

CAPÍTULO II **73**
LA IMPOSICIÓN SOBRE LA RENTA **73**
Criterios de sujeción del impuesto sobre la renta 73
El principio de territorialidad 74
El principio de extraterritorialidad 74
Los sujetos pasivos en la Ley de Impuesto sobre la Renta 76
   1.- Contribuyentes 76
     A.- Personas naturales 77
     B.- Personas jurídicas 78

10

C.- Los establecimientos permanentes, centros o bases fijas situados en el territorio nacional 79

2.- Personas sometidas a la ley 81

A.- Herencia yacente 81

B.- Las sociedades en nombre colectivo, en comandita simple, en comandita por acciones, las comunidades y cualquier otro tipo de sociedad de personas, incluidas las irregulares o, de hecho. 81

C.- Consorcios 82

D.- Contratos de cuenta de participación 83

Disponibilidad del ingreso sometido a gravamen 85

Momentos de disponibilidad del ingreso 86

1.- Al realizarse las operaciones que lo originan 87

2.- Al ser devengados 88

3.- Al ser pagados 89

4.- Ingreso producto de una ganancia en el diferencial de cambio 90

Determinación del Impuesto sobre la renta 92

Ingresos brutos 95

Costos y renta bruta 99

Deducciones y Enriquecimiento Neto 104

Ajuste por inflación 106

Enriquecimiento neto de las personas bajo relación de dependencia 107

Desgravámenes 109

Renta presunta 112

Renta neta 113

Alícuotas impositivas del Impuesto sobre la Renta 114

Tarifas progresivas 115

Tarifas proporcionales 117

La Unidad Tributaria en el ISLR 119

ASPECTOS GENERALES Y DEBERES FORMALES DE LA IMPOSICIÓN A LA RENTA EN VENEZUELA

CAPÍTULO III... **123**
DEBERES FORMALES DE LA IMPOSICIÓN A LA RENTA **123**
Deberes formales del impuesto sobre la renta 124
  1.- Llevar los libros y registros especiales de forma debida... 128
    A.- El libro Diario 130
    B.- Libro Mayor 130
    C.- Libro de inventario y de balance........................ 130
    D.- Libro de Actas de Asamblea............................. 131
    E.- Libro de Accionistas 131
    F.- Libro de Actas de Juntas de Administradores:............. 131
  2.- Inscribirse en los registros pertinentes 135
  3.- Colocar el número de inscripción fiscal en todos los
  documentos emitidos 137
  4.- Solicitar a la autoridad competente permisos previos,
  licencias o habilitaciones.. 138
    A.- Las actividades económicas relacionadas con la
    explotación de hidrocarburos y actividades conexas:......... 138
    B.- Las actividades económicas provenientes de la
    explotación de minas: 140
    C.- Las actividades económicas relacionadas con el sector
    bancario o financiero: 141
    D.- Las actividades económicas de seguros o reaseguros: . 141
  5.- Presentar las declaraciones correspondientes en los plazos
  fijados 142
    Autoliquidación 145
    Declaraciones tributarias del Impuesto sobre la renta 147
    A.- Declaración Definitiva de Rentas 147
    B.- Declaración Estimada de Rentas......................... 151
    C.- Declaración sustitutiva 155
    D.- Declaración Informativa 157
  6.- Emitir los documentos exigidos por la ley..................... 158

7.- Exhibir y conservar los libros, registros especiales y demás documentos que soporten las operaciones en forma debida... 160

8.- Contribuir con las inspecciones y fiscalizaciones autorizadas por la Administración tributaria 162

9.- Exhibir documentos requeridos en las oficinas o ante funcionarios autorizados... 163

10.- Comunicar cambios a la Administración tributaria nacional 164

11.- Comparecer ante la Administración tributaria cuando su presencia sea requerida... 165

12.- Otros deberes establecidos en la normativa tributaria..... 166

Capítulo IV 167
La Retención Como Deber Formal En La Imposición Sobre La Renta 167

El deber de retener en el impuesto sobre la renta...................... 167

1.- Deberes formales del Agente de Retención 172

A.- Determinar la retención 172

a.- Personas naturales residenciadas o no en el país 173

B.-Actualizar la determinación cuando varie la información. 174

C.- Informar al beneficiario de los montos y emitir comprobantes de retención 175

D.-Informar a la Administración tributaria de los sujetos pasivos que son objeto de retención 175

E.- Emplear formularios y guías para la retención 176

F.- Conservar la información suministrada por el sujeto pasivo objeto de retención... 177

2.- Deberes formales del Beneficiario del pago o contribuyente 177

A.- Suministrar información al Agente de Retención 177

ASPECTOS GENERALES Y DEBERES FORMALES DE LA IMPOSICIÓN A LA RENTA EN VENEZUELA

B.- Realizar la determinación de la retención del beneficiario de sueldos, salarios o remuneraciones similares bajo relación de dependencia 179
C.- Actualizar la determinación cuando varie la información 180
D.- Deber de conservar y anexar los comprobantes a la declaración definitiva de rentas 181

REFERENCIAS **183**

PRÓLOGO

Prof. DR. CARLOS E. WEFFE
Postdoctoral Research Fellow, Universitat Oberta de Catalunya (España)
Acreditado ANECA como Profesor Contratado Doctor (España)
Responsable de la unidad de abuso tributario, *Corporate Crime Observatory*
(Reino Unido)
Profesor Asociado de Derecho Financiero y Tributario, Universidad Central de
Venezuela

Los Andes han sido una de las principales canteras del talento jurídico venezolano desde los propios albores de la República. La Universidad de Los Andes (ULA), la segunda universidad en orden cronológico del país (1785), ha contribuido decisivamente con la formación de varios de los más preclaros *ciudadanos de la inteligencia*, en célebre frase de Gabriel García Márquez.[1] Así lo ha hecho desde 1798, únicamente a la zaga de la Universidad Central de Venezuela, que enseñaba Derecho desde su fundación, en 1721.[2] En ambas, y en otras muchas universidades, se ha formado una lista de juristas andinos, sea por *ius soli* o por *ius sanguinis*, extensa y rutilante: Cristóbal de Mendoza, Francisco García de Hevia, Asdrúbal Baptista Troconis, Román Cárdenas, Tulio Chiossone, los Duque, padre -José Román

---

[1] GARCÍA MÁRQUEZ, GABRIEL: *Yo no vengo a decir un discurso*. Vintage, 2010, p. 9. Disponible en: https://bit.ly/3Lf6EPV. Consultado el 9/7/2024.
[2] El Derecho se ha estudiado en Venezuela desde antes de que existieran, formalmente, universidades. El primer curso formal de la disciplina tuvo lugar, según la documentación disponible, el 30 de agosto de 1715, bajo la dirección del Licenciado Antonio Álvarez de Abreu. García Soto, Carlos: "Palabras en el acto de presentación del libro 300 años del inicio de la enseñanza del Derecho en Venezuela", en *Derecho y Sociedad* N° 13. Universidad Monteávila, Caracas, 2017, pp. 161-165. Disponible en: https://bit.ly/3VUSsAv. Consultado el 9/7/2024.

Duque Sánchez- e hijo -Román José Duque Corredor-, Enrique Urdaneta Fontiveros, José Mendoza Angulo, Fortunato González Cruz, Carlos Febres Pobeda, Gabriel Ruan Santos y un largo etcétera.

El aporte de Los Andes al estudio del Derecho entre nosotros no se queda en las glorias del pasado, sino que se proyecta hacia el futuro con renovado brío.

El abogado Jorge Meleán Brito, nacido en el calor de Cabimas y forjado en el frío merideño, egresado *cum laude* de la ilustre Universidad de Los Andes y especialista en Derecho Mercantil de esa casa de estudios,[3] sigue los pasos de sus antecesores en la ya larga tradición de los estudios jurídicos andinos y nos presenta en esta obra, su primera monografía,[4] una *necesaria* visión de conjunto sobre la *jungla* que supone la integración entre los conceptos generales y los deberes formales de la imposición a la renta en Venezuela. Necesaria porque, a pesar de que el Impuesto sobre la Renta es uno de los tributos a los que se le ha dedicado mayor cantidad de estudios doctrinales, si no el que más,[5] tales desarrollos se han enfocado preferentemente hacia los aspectos *materiales* del tributo, dejando de lado cuestiones que, desde la perspectiva práctica, tienen idéntica

---

[3] Adicionalmente, MELEÁN BRITO cursa estudios de maestría en Administración, mención Finanzas y de doctorado en Ciencias Organizacionales, también en la Universidad de Los Andes.
[4] En el pasado, MELEÁN BRITO ha dado muestras de su capacidad investigadora a través de la publicación de los siguientes artículos: (i) "Fiscalización Tributaria en la Ley Orgánica de Telecomunicaciones", en coautoría con Adriana Angulo. *Revista Estado de Derecho (Rechtstaat)*. Vol. 1 Nº 1. Universidad de Los Andes, Mérida, 2019, pp. 76-98. Disponible en: https://l1nq.com/YSDkZ. Consultado el 16/7/2024; (ii) "Addendum jurisprudencial: análisis de la sentencia del 2 de agosto de 2016 de la SC-TSJ: caso art. 31 LISLR", en *Revista Estado de Derecho (Rechtstaat)*. Vol. 1 Nº 2. Universidad de Los Andes, Mérida, 2019, pp. 115-118. Disponible en: https://acesse.dev/nN1ae. Consultado el 16/7/2024; y (iii) "Acerca de las bases conceptuales del patrimonio", en *Revista Venezolana de Legislación y Jurisprudencia* Nº 14. Caracas, 2020, pp. 151-177. Disponible en: https://l1nq.com/eqyA1. Consultado el 16/7/2024.
[5] A título meramente referencial, en 2003 Carmona Borjas apuntaba que el impuesto sobre la renta era el tema más tratado en los cien números que -hasta entonces- habían sido editados de la *Revista de Derecho Tributario*. CARMONA BORJAS, Juan Cristóbal: "Presentación", en *Índice General de la Revista de Derecho Tributario 1-100 (1964-2003)*. AVDT, Caracas, 2003, p. v.

importancia a la de los conceptos e instituciones fundamentales del impuesto.

En efecto, la obra a cuya lectura tengo el honor de introducir al amable lector[6] supone una *síntesis* provechosa entre las dos facetas del análisis de cualquier institución jurídica. La utilidad del desarrollo propuesto se maximiza en una materia como la tributaria, donde la forma cumple una misión que, si bien instrumental, es decisiva para poder llenar de sentido nociones como las de progresividad, generalidad, capacidad contributiva, igualdad y tantas otras que nutren la comprensión material de cualquier tributo, especialmente del impuesto sobre la renta. Dicho de otro modo, los deberes formales son un *indicador*, con un grado más o menos importante de claridad, del auténtico estado de protección de las garantías fundamentales en materia tributaria, lo que hace de este estudio una herramienta utilísima para comprender el estado real de la protección de los derechos de los contribuyentes y, en forma más general, de la salud del sistema tributario en su conjunto.

Este análisis no se hace mirando desde las alturas de una intelectualidad impostada, sino a partir de una perspectiva *propedéutica*, muy útil para quienes inician su aventura por los *meandros* del sistema tributario venezolano y, también, para quienes sin ser abogados, contadores o profesionales afines al área tributaria - y sin querer serlo- *necesitan* saber a qué atenerse cuando de la universalísima imposición a la renta en Venezuela se trata.

*

Meleán Brito intenta una aproximación a la imposición a la renta como objeto de estudio que evoca a Blumenstein y a Hensel, en su comprensión de la relación jurídico-tributaria como el conjunto de deberes tributarios del particular frente al ente exactor, que engloba

---

[6] Por causa de la generosidad de su autor, a quien agradezco la distinción en grado sumo.

tanto la prestación material de pago de una suma de dinero como el procedimiento determinativo.[7]

Esta visión *omnicomprensiva* que Meleán Brito propone nos recuerda, con sobrado tino, que *nada hay más práctico que una buena teoría.*

Probablemente por ello, el estudio que me complace presentar comienza sentando las bases fundamentales de orden teórico que inspiran la fiscalidad de la renta como materia imponible entre nosotros, a partir de la noción del *consentimiento de los gobernados* como base del sistema tributario del Estado de Derecho.[8] Para ello, el autor se sirve del análisis de los principios propios del Derecho Tributario *stricto sensu*, así como de los principios generales aplicables al ámbito tributario,[9] recogidos en la Constitución: legalidad, capacidad contributiva, progresividad, generalidad, igualdad, prohibición de efectos confiscatorios y protección de la

---

[7] Vid. por ambos RIBES RIBES, Aurora: "La Evolución de la Relación Jurídico-Tributaria: de la Relación de Poder al *Compliance* Tributario", en NAVARRO FAURE, Amparo (dir.). *Estudios de Derecho Financiero y Tributario. Reflexiones sobre la obra de la Profesora María Teresa Soler Roch*. Universidad de Alicante, Tirant lo Blanch, Alicante, 2021, pp. 331-332. Disponible en: http://hdl.handle.net/10045/116559. Consultado el 16/7/2024.

[8] Conviene aclarar, como hiciéramos ya alguna vez, que concebimos a la obligación tributaria como una típica obligación *ex lege*, que tiene en la ley su fuente inmediata: esta reconduce a la realización de un determinado hecho jurídico -en nuestro caso, el hecho generador- el nacimiento de la obligación, y donde la «participación» de la voluntad del obligado se verifica únicamente en el momento previo a la realización del hecho imponible, a través —exclusivamente— de las fórmulas de la representación política. Disentimos, al igual que Sáinz de Bujanda, de la concepción de acuerdo con la cual es posible configurar al tributo como una obligación *ex contractu*, esto es, "de obligaciones surgidas en el ámbito fiscal, cuya fuente inmediata consista en pactos o convenios producidos por la voluntad del ente público y del contribuyente, y dirigidos a engendrar, a cargo de este último, cualquier tipo de débito tributario", por lo que, evidentemente, no es este último el sentido que debe dársele a la idea expresada en el texto principal. Vid. Sáinz de Bujanda, Fernando: *Hacienda y Derecho*. Tomo IV, Instituto de Estudios Políticos, Madrid, 1966, pp. 15, 166-173; y WEFFE H., Carlos E.: "De la naturaleza del acto determinativo tributario: «Nuevas» reflexiones sobre viejos problemas", en *Revista Mexicana de Derecho Financiero y Tributario*. Vol. 1, Nº 3. Universidad de Guanajuato, 2014, p. 144. Disponible en: https://encr.pw/pHxJf. Consultado el 16/7/2024.

[9] Vid. GARCÍA NOVOA, César: "La Concepción Actual de los Principios Tributarios", en WEFFE H., Carlos E. y ATENCIO VALLADARES, Gilberto (coords.), *Liber Amicorum: Homenaje a la obra del profesor Gabriel Ruan Santos*. AVDT. Caracas, 2018, pp. 73-86.

economía nacional, elevación del nivel de vida de la población y recaudación eficiente.

Bajo estas premisas, insustituibles en un Estado que dice ser *democrático de Derecho y de Justicia* y en el cual los poderes estatales -y, en especial, la Administración- está al servicio de los ciudadanos, se fundamenta en los principios de honestidad, participación, celeridad, eficacia, eficiencia, transparencia, rendición de cuentas y responsabilidad en el ejercicio de la función pública, *con sometimiento pleno a la ley y al derecho*,[10] se entiende como *racional*[11] la conceptuación de la renta como un hecho que manifiesta capacidad contributiva y, en consecuencia, es susceptible de ser vinculado al nacimiento de la obligación de tributar; esto es, ser calificado por el legislador como *hecho imponible*[12].

Esta calificación legislativa sirve de base a Meleán Brito para continuar con su estudio. Su exposición discurre *didácticamente*, distinguiendo con precisión a cuál -o cuales- de los *tipos* de renta que existen es -o son- las escogidas por el legislador para estar sujetas al impuesto (y cuya naturaleza determinará, consecuencialmente, el tipo y calidad de los deberes formales asociados a la determinación y cumplimiento de la obligación tributaria). Aquí el texto nos habla de las teorías de la renta-producto, de la utilidad directa de Fisher y la *definición amplísima de renta* con base en el *incremento patrimonial*, que por decisión legislativa es la predominante entre nosotros[13].

Una vez determinado lo anterior, cabe precisar cuál de los sistemas de posible imposición a la renta es el más recomendable, a la luz de los objetivos económico-financieros -siempre

---

[10] Artículos 2 y 141 de la Constitución.

[11] Vid. ROMERO-MUCI, Humberto: *La racionalidad del sistema de corrección monetaria fiscal.* Editorial Jurídica Venezolana, Caracas, 2005; y WEFFE H., Carlos E.: "La racionalidad de la armonización tributaria", en *Revista de Derecho Tributario* N° 108. AVDT, Caracas, 2005, pp. 8-12. Disponible en: https://l1nq.com/futGz. Consultado el 16/7/2024.

[12] Artículo 36 del Código Orgánico Tributario.

[13] Artículos 1 y 4 de la Ley de Impuesto sobre la Renta.

instrumentales- que pretenden lograrse con la *mejor recaudación* -no la mayor-[14] bajo los principios constitucionales de la tributación de los que nuestro autor hizo glosa al principio del texto. Este antecedente es propicio para desarrollar conceptos que *no son familiares* a la práctica tributaria del foro entre nosotros, pero que son útiles para comprender situaciones (i) con elementos de extranjería fiscalmente relevantes y, en consecuencia, de aplicación de la red de convenios tributarios de Venezuela, basados en la estructura y características del Modelo de Convenio Tributario de la OCDE;[15] y (ii) para comprender mejor la forma de funcionamiento de los sistemas tributarios comparados, como por ejemplo varios de aquellos fundados en el *Common Law*.[16] En este punto, Meleán Brito nos enseña a distinguir, como lo ha hecho nuestra doctrina desde la reforma capital de 1966,[17] entre los sistemas de imposición a la renta cedular, global y mixto, de lo que se deducen las características principales del impuesto sobre la renta entre nosotros: un impuesto

---

[14] WEFFE H., Carlos E.: ""Principios de la imposición vs. temporalidad del hecho imponible en el impuesto sobre la renta. Notas sobre el [nuevo] régimen de disponibilidad de ingresos, costos y gastos", en *Revista de la Facultad de Derecho* N° 71. Universidad Católica "Andrés Bello". Caracas, 2018, pp. 174-175. Disponible en https://bit.ly/2CWpVnA. Consultado el 16/7/2024.

[15] OCDE: *Modelo de Convenio Tributario sobre la Renta y sobre el Patrimonio (versión abreviada)*. París, 2017. Disponible en: https://doi.org/10.1787/765324dd-es. Consultado el 16/7/2024.

[16] A saber, y a título meramente referencial, el caso de Canadá, Estados Unidos y el Reino Unido.

[17] Vid. OCTAVIO, José Andrés: *Los Elementos fundamentales del impuesto sobre la renta; en la ley del 16 de diciembre de 1966*. Universidad Central de Venezuela. Caracas, 1971; Ruan Santos, Gabriel: "Presentación", en SOL GIL, Jesús (coord.), *60 años de Imposición a la Renta en Venezuela*. AVDT. Caracas, 2003, p. xviii; Octavio, José Andrés: La Primera Ley de Impuesto sobre la Renta y las Sucesivas Reformas de su Articulado", en Sol Gil, Jesús (coord.), *60 años de Imposición a la Renta en Venezuela*. AVDT. Caracas, 2003, pp. 26-27; Vásquez, Abelardo y Leal, Oscar: "xxx", en Sol Gil, Jesús (coord.), *60 años de Imposición a la Renta en Venezuela*. AVDT. Caracas, 2003, pp. 44-51; Roche, Emilio J.: "Parte General del Impuesto sobre la Renta", en Roche, Emilio J. (coord.), *70 años del Impuesto Sobre la Renta*. Tomo I. AVDT, Caracas, 2013, pp. 137-138; Álvarez, Francisco: "Limitaciones para la compensación de pérdidas de distinto origen geográfico en la determinación del Impuesto Sobre la Renta venezolano", en Roche, Emilio J. (coord.), *70 años del Impuesto Sobre la Renta*. Tomo I. AVDT, Caracas, 2013, pp. 462-463, *et passim*.

directo, *generalísimo*,[18] personal y periódico que *pretende* la progresividad, sin lograrla[19].

Con fundamento en esta base conceptual, diestramente explicada por Meleán Brito, es *relativamente* sencillo adentrarse en las cuestiones relativas al *acto o conjunto de actos tendientes a la declaración -con efectos jurídicos- de la existencia o inexistencia de una obligación tributaria y de su cuantía*: la determinación tributaria.[20] En este sentido, el autor distingue hábilmente los diversos tipos de determinación, tanto en función de la forma de conocimiento del hecho o de la base imponible, a saber: (i) sobre base cierta, y (ii) sobre base presuntiva; como *en función del sujeto que la realiza*: (i) por el sujeto pasivo o autodeterminación; (ii) por el sujeto activo o determinación de oficio; y (iii) conjuntamente por ambos, o determinación mixta. Con gran beneplácito personal -valga el inciso-

---

[18] Y no general -como debiera ser- gracias a la grosera distorsión de la estimación del valor de la *unidad tributaria*, módulo monetario de cuantificación de las obligaciones tributarias entre nosotros, y su malhadada sustitución por otras magnitudes como el «petro», o el tipo de cambio de la «moneda de mayor valor» como formas -bien lo ha dicho ROMERO-MUCI- de dolarizar la economía por sustitución de activos. Vid. ROMERO-MUCI, Humberto: "Desinstitucionalización tributaria en Venezuela. Entre la distopía y la anomia social", en BREWER-CARÍAS, Allan R., y ROMERO-MUCI, Humberto (coords.), *El Falseamiento del Estado de Derecho*. Academia de Ciencias Políticas y Sociales. Caracas, 2021, p. 568. Disponible en: https://encr.pw/0H3d6. Consultado el 16/7/2024; ROMERO-MUCI, Humberto: "El Petro venezolano: Reflexiones sobre una falacia monetaria y pretendida unidad de cuenta", en *Revista de Derecho Público Iberoamericano* N° 24, 2024, pp. 68-70. Disponible en: https://encr.pw/CB7sl. Consultado el 16/7/2024; y ROMERO-MUCI, Humberto: "La metamorfosis kafkiana de la unidad tributaria y la dolarización de las sanciones tributarias", en *Revista de Derecho Público* N° 165-166. Editorial Jurídica Venezolana, Caracas, 2021, pp. 147-214. Disponible en: https://acesse.dev/GqQLd. Consultado el 16/7/2024.

[19] Ejemplo paradigmático de ello es, una vez más, la subvaloración crónica de la unidad tributaria, cuyo resultado más palpable ha sido el de la ampliación del universo de contribuyentes al extremo de afectar gravemente al *mínimo vital* y, con él, a la capacidad contributiva. Romero-Muci: *Desinstitucionalización... cit.*, pp. 605-607.

[20] Vid. van der VELDE HEDDERICH, Ilse: "Determinación de la Obligación Tributaria. Los Convenios Tributarios. El Procedimiento Sumario Administrativo y el Proceso Contencioso Tributario en nuestro Código Orgánico Tributario", en Moreno de Rivas, Aurora (coord.): *Comentarios al Código Orgánico Tributario de 1994*. AVDT. Caracas, 1994, pp. 140-141; Moreno de Rivas, Aurora: "La Administración Tributaria como Función Estatal", en Ramírez Landaeta, Belén (coord.), *La Administración Tributaria y los Derechos de los Contribuyentes. Homenaje a la memoria de Ilse van der Velde*. FUNEDA. Caracas, 1998, p. 88

se constata que el autor adscribe la tesis que un servidor ha sostenido en el aula,[21] según la cual el *juez tributario*, cuando ejerce la *iurisdictio* y, en consecuencia, *dice el derecho*, declara con efectos jurídicos la existencia o no de la obligación tributaria; esto es, *determina*. Por ello, debe añadirse la *determinación judicial* a la clásica enumeración previa, como acertadamente lo ha hecho Meleán Brito.

El primer capítulo, dedicado -en las palabras del autor- a *"describir los deberes y principios que envuelven a la imposición en Venezuela"*, finaliza con la definición y clasificación de los sujetos pasivos, distinguiendo -breve y eficazmente- las variadas formas de responsabilidad tributaria de éstos[22].

En el capítulo II, el autor desarrolla -siempre propedéuticamente- los conceptos fundamentales del impuesto sobre la renta. En lo atinente al elemento espacial, el texto enhebra adecuadamente las nociones de territorialidad y renta mundial (y dentro de ésta, el concepto de *establecimiento permanente* que sirve de base a la imputación territorial de rentas de un sujeto pasivo no domiciliado con presencia permanente en el mercado de una determinada jurisdicción). La sujeción pasiva es también objeto de las reflexiones de Meleán Brito, con una especial e interesante referencia a los casos específicos de atribución de «personalidad de Derecho Tributario» a entes que carecen de personalidad jurídica de acuerdo con el Derecho

---

[21] Desde aquellos días entre 2001 y 2003 en los que tuve el honor de fungir como *asistente de cátedra* del profesor Alejandro RAMÍREZ VAN DER VELDE, y luego, entre 2003 y 2010, sucediendo a Alejandro como *profesor* de la cátedra de «Determinación Tributaria» de la especialización en Derecho Tributario de la Universidad Central de Venezuela, en la que él, brillantemente, continuó la fecunda obra de su querida madre, nuestra recordada Ilse VAN DER VELDE HEDDERICH. Para entonces, y según el leal saber y entender de quien suscribe, la tesis propuesta no tenía reflejo en la doctrina dominante sobre el tema entre nosotros, lo que maximiza el valor del aporte de Meleán Brito y por el que debemos estarle agradecidos.

[22] Cfr. WEFFE H., Carlos E.: "La responsabilidad tributaria", en *Hernández Berenguel, Luis* (coord.): *Memorias de las XXVII Jornadas Latinoamericanas de Derecho Tributario*. ILADT-IPDT. Lima, 2014, pp. 565-619.

común, en superación de la identidad entre individuo y persona que caracteriza a la discusión sobre dicha personalidad:[23] herencias yacentes, sociedades irregulares o de hecho, consorcios y cuentas en participación. A su vez, el elemento temporal del hecho imponible ocupa también las reflexiones del autor, en una cuestión que ha sido máximamente polémica desde la malhadada reforma de 2015 y que atenta, a las claras, contra las máximas de (i) comodidad de la imposición; (ii) tributación conforme a la capacidad contributiva; (iii) preservación de la fuente productora de renta; y (iv) eficiencia -no eficacia- recaudatoria[24]

Siguiendo -lógicamente- el mismo esquema de la exposición previa, Meleán Brito sintetiza el análisis del elemento material del hecho imponible con su *determinación*. Así, el examen de las nociones de ingresos, costos y deducciones que componen el armazón básico de la materialidad del impuesto sobre la renta se ve enriquecido por apuntes de máxima utilidad sobre la incidencia de estos elementos -y de otros, polémicos, como el del ajuste por inflación[25] o el de la determinación del enriquecimiento neto de los trabajadores asalariados-[26] en el dimensionamiento cuantitativo del tributo. El

---

[23] Cfr. WEFFE H., Carlos E.: "Conjuntos económicos y conglomerados análogos. Tratamiento tributario en Panamá, según la normativa y el principio de sustancia sobre forma", en Pérez Pérez, Juan A. (coord.), *Memorias de las XXX Jornadas Latinoamericanas de Derecho Tributario*, Tomo III. ILADT-IUET, Montevideo, 2018, p. 264. Disponible en: https://l1nq.com/2rCib. Consultado el 16/7/2024.

[24] Cfr. WEFFE H.: *Principios...* cit., pp. 161-168.

[25] Cuya eliminación respecto de los sujetos pasivos especiales es uno de los instrumentos más grotescos de la *inmoralidad antisistémica* que preside el diseño y aplicación del impuesto sobre la renta -y de todo el sistema tributario venezolano- en nuestros días. Romero-Muci: *Desinstitucionalización...* cit., pp. 589-593.

[26] Vid. ANDRADE RODRÍGUEZ, Betty; "Análisis de la sentencia dictada por la Sala Constitucional del Tribunal Supremo de Justicia en relación con la base de cálculo del impuesto sobre la renta de los asalariados", en *Anuario de Derecho Público*. N° 2. Centro de Estudios de Derecho Público de la Universidad Monteávila. Caracas, 2009, pp. 329-344; ANDRADE RODRÍGUEZ, Betty; "El principio de progresividad en el régimen de tributación del Impuesto sobre la Renta de las personas naturales", en *X Jornadas Venezolanas de Derecho Tributario*. Tema I – Propuestas para una reforma tributaria en Venezuela. Tomo I. Asociación Venezolana de Derecho Tributario. Caracas, 2011, pp. 319-354; D'VIVO YUSTI, Karla; «Definición del salario normal a efectos de la tributación de los trabajadores bajo relación de dependencia», en

análisis de la progresividad -o de su falta, como se ha dicho- tiene su asiento en la exposición del autor sobre las alícuotas progresivas *y proporcionales*, estas últimas en algunos casos específicos como las ganancias fortuitas o las de capital -dividendos-, que prevé la Ley. El segundo capítulo finaliza, parafraseando a un célebre cuento de García Márquez, con el relato en clave «diacrónica» de *la increíble y triste historia de la cándida unidad tributaria y de su administrador desalmado*, en la que Meleán Brito describe cómo la unidad tributaria cumplía, regularmente, su función de adaptar las magnitudes para el dimensionamiento cuantitativo de tributos *cuando empezó el viento de su desgracia*[27].

Posteriormente, la tercera parte se dedica a glosar el *maremágnum* -por abundante y por galimático- de deberes formales asociados a la imposición a la renta en Venezuela, cuyo incumplimiento genera consecuencias de calado para los sujetos pasivos[28] y de los que Meleán Brito realiza un utilísimo inventario. Entre éstos, los asociados a la llevanza de la contabilidad tienen particular importancia, dado el rol de ésta de *"fuente material del derecho"*. En efecto, los libros de contabilidad, *"en la medida en que proporcionan los datos ciertos sobre los cuales basar la determinación directa de la base imponible, cumple una función reforzadora de la tributación de acuerdo con el principio de capacidad económica, porque sirve para precisar la realidad contributiva y evitar la imposición ficticia"*.[29] También se relacionan

---

Roche, Emilio J. (coord.), *70 años del Impuesto Sobre la Renta*. Tomo I. AVDT, Caracas, 2013, pp. 533-551, *et passim*.

[27] GARCÍA MÁRQUEZ, Gabriel: *La increíble y triste historia de la cándida Eréndira y de su abuela desalmada*. Disponible en: https://l1nq.com/TjxuP. Consultado el 16/7/2024.

[28] WEFFE H., Carlos E.: *Garantismo y Derecho Penal Tributario en Venezuela*. Globe. Caracas, 2010, pp. 503-560.

[29] ROMERO-MUCI, Humberto: *El Derecho y el Revés de la Contabilidad*. Academia de Ciencias Políticas y Sociales. Caracas, 2011, pp. 60, 157. Disponible en: https://encr.pw/cwKYD. Consultado el 16/7/2024; y Weffe H., Carlos E.: "Tributación y Regulación. Notas introductorias al debate sobre la función del tributo en el Estado social y democrático de Derecho", en Weffe H.,

deberes formales sectoriales, esto es, de actividades económicas sujetas al control regulatorio del Estado: (i) explotación de hidrocarburos y actividades conexas; (ii) explotación de minas; (iii) sector bancario; y (iv) seguros o reaseguros.

Desde luego, el aspecto más importante a cubrir con relación a los deberes formales es el de la autodeterminación tributaria: la labor de identificación y calificación jurídica de los hechos imponibles por el sujeto pasivo y la aplicación a su situación de hecho de las reglas tributarias respectivas, con base en la *cognoscibilidad de la ley* que fundamenta la causación jurídica del impuesto con la realización del hecho generador.[30] Meleán Brito cumple con la tarea de modo sobrio y certero, con particular énfasis en las formas que puede adoptar la autodeterminación del impuesto sobre la renta: (i) declaración definitiva; (ii) declaración estimada; (iii) declaración informativa; y (iv) la *declaración sustitutiva*, cuyas limitaciones legales de presentación[31] suponen trabas de calado para la protección del principio de *capacidad contributiva* y son, por ello, muestra de la *voracidad fiscal* que caracteriza al sistema tributario de nuestro tiempo.[32] Esto último también indica, valga reiterarlo una vez más, de la increíble expansión del Derecho sancionador tributario entre nosotros, de cuyas perniciosas consecuencias ha venido alertando *cansinamente* quien suscribe.[33] Esta última circunstancia es de

---

Carlos E. (coord.), *Tributación y Regulación*. AVDT. Caracas, 2015, pp. 87-89. Disponible en: https://l1nq.com/HaK0o. Consultado el 16/7/2024.

[30] Vid. WEFFE H.: *De la naturaleza… cit.*, pp. 151-164.

[31] Artículo 103.5, Código Orgánico Tributario.

[32] ROMERO-MUCI: *Desinstitucionalización… cit.*, pp. 589-593.

[33] Vid. WEFFE H., Carlos E.: "La Codificación del Derecho Penal Tributario en Venezuela", en SOL GIL, Jesús (coord.), *30 años de la codificación del Derecho Tributario en Venezuela*. Tomo III. AVDT. Caracas, 2012, pp. 396-424. Disponible en: https://encr.pw/rwqB6. Consultado el 16/7/2024; WEFFE H., Carlos E.: "La reforma penal tributaria de 2014. Garantismo vs. Autoritarismo", en *Revista de Derecho Público* N° 140. Editorial Jurídica Venezolana. Caracas, 2014, pp. 345-354. Disponible en: https://acesse.dev/WCVUy. Consultado el 16/7/2024; y WEFFE H., Carlos E.: "La reforma penal tributaria de 2014. Un ensayo sobre Derecho Penal del Enemigo", en Morles Hernández, Alfredo (coord.), *Libro Homenaje al Centenario de la Academia*

notable recibo en el caso de la crónica indeterminación de los «otros» deberes formales, que teóricamente deben establecerse en la *legislación* tributaria -principio de reserva legal, ya lo dirá Meleán Brito en el capítulo I- pero que han descendido al *cuarto* círculo del Infierno dantesco, por obra de la *codicia* de quien impone las sanciones por su «incumplimiento».

La monografía objeto de estas líneas introductorias encuentra su final en el estudio de la retención en el impuesto sobre la renta, forma paradigmática de la responsabilidad tributaria por *vinculación* del agente de retención con el flujo económico que constituye -o puede constituir- al hecho generador, lo que le permite fungir como garante del cumplimiento de la obligación tributaria subyacente, basada en la conjunción de la voluntad negocial entre el contribuyente y el responsable[34].

Entre nosotros, es emblemática la definición según la cual la retención en el impuesto sobre la renta es una actividad de *colaboración* -esto es, una obligación instrumental-[35] con la Administración Tributaria en las tareas de recaudación del tributo, cumplida por mandato legal y desarrollada en el Reglamento Parcial sobre la materia, de acuerdo con la cual el deudor de una obligación dineraria de las tipificadas en estos instrumentos normativos debe detraer -amputar, dicen los reputados juristas citados- del pago debido una porción que, a título de anticipo del impuesto sobre la renta del acreedor, deberá entregarse a la Administración Tributaria en las formas y plazos determinados normativamente[36].

---

de Ciencias Políticas y Sociales. Academia de Ciencias Políticas y Sociales. Caracas, 2015, pp. 1.489-1.523. Disponible en: https://encr.pw/yJXqb. Consultado el 16/7/2024.

[34] WEFFE H.: *La responsabilidad...* cit., p. 600.

[35] *Ibidem*, p. 601.

[36] Vid. FRAGA PITTALUGA, Luis; Sánchez González, Salvador y Viloria Méndez, Mónica: *La retención en el Impuesto sobre la Renta.* Caracas, 2002, p. 17. En el mismo sentido, ANDRADE RODRÍGUEZ, Betty: "Relatoría General. Tema I. Derecho Tributario Sustantivo", en SOL GIL, Jesús (coord.), *30 años de la codificación del Derecho Tributario en Venezuela.* Tomo I. AVDT. Caracas, 2012, pp. 74-75.

En ese contexto se despliega un conjunto de deberes de información y recaudación tributaria en cabeza de la categoría de sujetos pasivos que Meleán Brito, con acierto, identificara -capítulo I- como *responsables directos*, según la caracterización legal:[37] calificar el negocio jurídico con su cocontratante (contribuyente) como susceptible de generar la retención de impuesto, determinarla e informar a su cocontratante de los montos retenidos, enterar el anticipo así generado en las oficinas receptoras de fondos nacionales en tiempo y forma reglamentarios, emitir comprobantes de la retención, etc.

*

Ya se ha dicho -y no sobra repetirlo- que Meleán Brito hace, en esta útil monografía, una exégesis muy *didáctica* de todas las cuestiones tratadas, que no pretende ser erudita *y que no debe serlo, sin con ello renunciar al tratamiento riguroso de los espinosos tópicos elegidos.* Haber alcanzado ese delicado equilibrio hace de este libro una *bitácora* muy adecuada para el público no experto en tributación que debe, sin embargo, *padecer* el impuesto sobre la renta en Venezuela, la inclemencia de los deberes asociados a él y debe, en consecuencia, conocerlos.

En este particular reside, de seguro, el principal mérito de esta obra y -sobre todo- de su autor. Por ello, y por el hecho de tener a partes iguales la *generosidad* de compartir lo que sabe y la *valentía* de darlo a la imprenta, debemos estarle todos muy agradecidos, seamos o no tributaristas. Que este sea uno de muchos aportes académicos de su joven autor, para mayor lustre del pensamiento jurídico y tributario andino y -por ello mismo- venezolano de pura cepa.

Madrid, julio de 2024.

---

[37] Artículo 27 del Código Orgánico Tributario.

ASPECTOS GENERALES Y DEBERES FORMALES DE LA IMPOSICIÓN A LA RENTA EN VENEZUELA

Nota Introductoria

El Estado venezolano ha desarrollado diferentes fuentes de ingreso con la finalidad de garantizar el financiamiento del gasto público, encontrándose entre estas los tributos, como tipo de ingreso coercitivo soportado en el deber de contribuir con el gasto público, tipificado en el artículo 133 de la Constitución de la República Bolivariana de Venezuela, este tipo de ingreso público se encuentra en el referido precepto clasificado en tres (3) grupos, a saber: impuestos, tasas y contribuciones especiales.

Los impuestos son un tipo de tributo que se diseña, crea y aplica atendiendo a principios constitucionales que inspiran su formación, siendo desarrollados por el Poder Público de acuerdo a las atribuciones conferidas en la Constitución nacional, que diferencia a los distintos sujetos activos y los tributos que a cada uno de ellos corresponde.

En ese sentido, se aprecia que, la tributación sobre la renta, es uno de los tipos de impuesto que constitucionalmente se encuentran atribuidos al Poder Público Nacional, por lo que, su diseño, creación, desarrollo y recaudación se ve enmarcado en leyes especiales y normas de desarrollo de carácter nacional.

La imposición sobre la renta, tiene como hecho imponible someter a gravamen los enriquecimientos netos obtenidos por los sujetos obligados, dentro de un período fiscal especifico, no obstante, debido a la complejidad que supone gravar la obtención de rentas para el sujeto activo, se han establecido dentro del marco regulatorio venezolano una serie de prestaciones de hacer y no hacer, que si bien es cierto guardan relación con la imposición a la renta, no van dirigidas a la obligación tributaria, vale decir, al pago del impuesto, sino a facilitar las facultades de fiscalización, determinación y control administrativo que posee la Administración tributaria nacional.

Asimismo, las referidas prestaciones tributarias de hacer y no hacer que soportan los sujetos obligados, sirven para que estos soporten las operaciones económicas que realizan dentro del período fiscal, a razón de poder determinar el tributo, siendo que los conceptos económico financieros que rodean la determinación del mismo, deben seguir ciertas condiciones como lo son: encontrarse individualizados, seguir aspectos normativos específicos y ser conservados por el sujeto pasivo, por un tiempo determinado.

En aras de poder sistematizar las diferentes normas que desarrollan estas prestaciones de hacer y no hacer, definidas en la doctrina como deberes formales, se realiza la presente obra, la cual se desarrolla en cuatro (4) capítulos, desglosados de la siguiente manera:

Capítulo I: denominado, Aspectos generales que rodean la tributación de la renta en Venezuela, el cual tiene como finalidad describir los deberes y principios que envuelven a la imposición en Venezuela, para seguidamente apreciar que, la renta es un hecho económico sometido a gravamen por su idoneidad, al ser definido doctrinariamente como una manifestación de capacidad económica.

Describiendo así, las teorías que rodean el concepto de renta, los diferentes sistemas impositivos de este tributo, su definición y características, para posteriormente definir la determinación del tributo y finalmente los sujetos pasivos que de forma general son sometidos a su gravamen.

Capítulo II: denominado, La imposición sobre la renta en Venezuela, capítulo que desarrolla los criterios empleados por el legislador para someter a gravamen la obtención de enriquecimientos netos dentro del territorio nacional, como internacional, se definen los sujetos pasivos específicos que ven sometidas su renta a este tributo, las modalidades empleadas por el legislador para considerar un ingreso en la esfera patrimonial del obligado tributario y los conceptos jurídico legales que rodean la determinación propia del impuesto sobre la renta.

Capítulo III: denominado, Deberes formales de la imposición a la renta, en este capítulo se define el término deberes formales y se analizan cada uno de los deberes establecidos por el legislador para los sujetos obligados, sistematizándolos de manera individual con las normas de desarrollo que poseen cada uno de ellos e identificando los conceptos y medios empleados por el sujeto pasivo para su cumplimiento.

Capítulo IV: denominado, La retención como deber formal en la imposición sobre la renta, este capítulo tiene como propósito ofrecer identificar a la retención como mecanismo diseñado por el legislador para anticipar el cumplimiento del impuesto sobre la renta, dentro del período fiscal, desarrollando específicamente los diferentes deberes formales que tienen a bien cumplir, tanto el sujeto pasivo frente a los administrados como el beneficiario de la retención.

Aspectos Generales y Deberes Formales de la Imposición a la Renta en Venezuela

Capítulo I
La Tributación De La Renta

La tributación, es un mecanismo de coerción establecido por el Estado en uso de su soberanía, con la finalidad de obtener y financiar al gasto público. El Estado venezolano al ser constituido como un Estado democrático social de derecho y justicia, ve el ejercicio de sus competencias, facultades y atribuciones regulados, limitados y sometidos a la Constitución y las Leyes, tal como lo establece el artículo 137 de la Constitución de la República Bolivariana de Venezuela[38], al señalar que *"esta Constitución y la ley definen las atribuciones de los órganos que ejercen el Poder Público, a las cuales deben sujetarse las actividades que realicen"*, reconociéndose así dentro del marco regulatorio venezolano el principio de legalidad.

El principio de legalidad en Venezuela adquiere un doble significado, visto que, por un lado manifiesta "la sumisión de todos los actos estatales a las disposiciones emanadas de los cuerpos legislativos en forma de ley", y por el otro plantea el "sometimiento de todos los actos singulares, individuales y concretos, provenientes de una autoridad, a las normas generales, universales y abstractas, previamente establecidas, sean o no de origen legislativo, e inclusive provenientes de esa misma autoridad"[39], por ende, el ejercicio del Poder Público en Venezuela se encuentra subordinado no solo a la

---

[38] Constitución de la República Bolivariana de Venezuela, Gaceta Oficial, N° 5.453 extraordinario del 24 de marzo de 2000 (Reimpresión de la Gaceta Oficial N° 36.860 del 30 de diciembre de 1999). Primera Enmienda, Gaceta Oficial, N° 5.908 extraordinario del 19 de febrero de 2009.

[39] LARES MARTÍNEZ, Eloy. *Manual de Derecho Administrativo*, 13ª ed., Sucesión del autor y la Facultad de Ciencias Jurídicas de la Universidad Central de Venezuela, Caracas, 2008, p. 174.

Constitución y las leyes, sino a las ordenanzas y demás normas de desarrollo que sean dictadas con ocasión de una ley y se encuentren en vigencia, debiéndose observar en cada acto, que este fuere dictado de conformidad con el derecho.

Dentro del ejercicio del Poder Público la Constitución nacional reconoce al Estado el poder para exigir, establecer u obtener "coactivamente prestaciones pecuniarias de los individuos y de requerir el cumplimiento de los deberes instrumentales necesarios para tal obtención"[40], mencionada facultad se conoce por la doctrina como poder, potestad o soberanía tributaria, la cual como indicamos *supra*, se encuentra sometida al principio de legalidad y demás principios reconocidos en la Constitución, así como a las leyes dictadas en dicha materia.

Asimismo, como características de los Estados modernos, Venezuela de acuerdo a su Constitución nacional sigue la tendencia de reconocer que el ejercicio del Poder Público lo ejerce el pueblo, por cuánto la soberanía reside intransferiblemente en él, y es éste de acuerdo al artículo 5 de la referida norma constitucional quien lo ejerce "*directamente en la forma prevista en esta Constitución y en la ley, e indirectamente, mediante el sufragio, por los órganos que ejercen el Poder Público. Los órganos del Estado emanan de la soberanía popular y a ella están sometidos*", por lo que, se desprende que tanto la Constitución, como las leyes[41], ordenanzas y demás actos que emanan del Estado, son una manifestación del pueblo, bien porque se expresa de manera directa, o bien porque se expresa de manera indirecta al elegir a quienes lo representan en los referidos actos que reflejan su soberanía.

---

[40] VILLEGAS Héctor. *Curso de finanzas, derecho financiero y tributario*, 5ª ed., Depalma, Buenos Aires, 1992, p. 186.
[41] Definidas en el artículo 202 de la Constitución de la República Bolivariana de Venezuela como el "*acto sancionado por la Asamblea Nacional como cuerpo legislador...*".

De lo antes expuesto se denota que, "si la soberanía reside en el pueblo, y el poder tributario es una manifestación de la soberanía, es lógico que exista un vínculo entre el pueblo y el establecimiento de los tributos"[42], vinculo que, se ve desarrollado a través de los órganos y entes que integran al Poder Público, los cuales en ejercicio y por designación de pueblo en ejercicio del sufragio materializan su voluntad en las leyes, actos y demás instrumentos jurídicos en materia tributaria.

El deber autoimpuesto de contribuir

La configuración del Estado moderno de ver sometido el ejercicio del Poder Público, tanto al principio de legalidad como al reconocimiento que la soberanía reside en el pueblo, traen consigo el hecho cierto que, las distintas fuentes de ingresos establecidas para el Estado, vale decir, los tributos, los créditos y la explotación de su propio patrimonio, sean obra y creación del pueblo, el cual busca garantizar el financiamiento de los fines del Estado a través de la configuración de sus ingresos.

En tal sentido, la Constitución nacional recoge en su artículo 133 respecto a los tributos el denominado "deber de contribuir", al señalar que *"toda persona tiene el deber de coadyuvar a los gastos públicos mediante el pago de impuestos, tasas y contribuciones que establezca la ley"*.

Mencionado precepto constitucional, establece además del deber de contribuir, la división tripartita del tributo, al señalar que, estos pueden ser de tres (3) tipos: 1.- Impuestos, 2.- Tasas y 3.- Contribuciones especiales. Asimismo, el referido precepto constitucional configura una doble obligación, por una parte, señala

---

[42] ANDARA SUÁREZ, Lenin. *Poder y Potestad tributaria, Acerca de las competencias tributarias en la República Bolivariana de Venezuela*, Editor-autor, Mérida, 2010, p. 25.

para el Estado el deber de solo cobrar los tributos establecidos en la ley y por el otro dispone para las personas o individuos sobre los que recaiga la carga, de solo pagar los tributos establecidos en la ley.

De los referidos preceptos constitucionales se desprende que la obligación de coadyuvar y financiar al gasto público en el Estado venezolano, así como en los Estados modernos adquiere el carácter de un deber autoimpuesto, por cuanto, se soporta y configura la "aprobación de las cargas tributarias" mediante "actos que tienen la naturaleza jurídico-formal de ley"[43], por lo tanto, es el pueblo en uso de su soberanía quien a través del sufragio, elije a sus representantes ante el Poder Legislativo, para que sean éstos quienes en su nombre ejerzan su soberanía y dicten las leyes, en las cuales se verá soportado, configurado y desarrollado el tributo de acuerdo a las formas previstas en la Constitución nacional.

Principios constitucionales que inspiran la tributación en Venezuela

Respecto a la configuración de los tributos en el marco regulatorio venezolano, el constituyente de 1.999 estableció una serie de principios tributarios que guían, enmarcan e inspiran la creación, desarrollo, configuración e imposición de los tributos como fuente de ingresos para coadyuvar al gasto público.

Los principios constitucionales de la tributación en Venezuela se encuentran desarrollados en los artículos 21, 133, 316 y 317 de la Constitucional nacional y son nueve (09), a saber:

1.- El principio de legalidad tributaria,
2.- El principio de capacidad económica,
3.- El principio de progresividad,
4.- El principio de generalidad,

---

[43] JARACH, Dino. *El hecho imponible*, 2ª ed., Abeledo - Perrot, Buenos Aires, 1971, p. 10.

5.- El principio de igualdad tributaria,

6.- El principio de no confiscatoriedad,

7.- El principio de protección de la economía nacional,

8.- El principio de recaudación eficiente y

9.- El principio de elevación del nivel de vida de la población.

1.- Principio de legalidad tributaria

El principio de legalidad tributaria, es un principio de tipo formal recogido en el artículo 317 de la Constitución de la República Bolivariana de Venezuela, el cual señala que: *"no podrá cobrarse impuestos, tasas, ni contribuciones que no estén establecidas en la ley, ni concederse exenciones y rebajas, ni otras formas de incentivos fiscales, sino en los casos previstos por las leyes"*, con lo cual, se establece que, en principio solo el Poder legislativo puede crear el tributo, así como, los elementos que lo componen[44], por cuanto, es a este quien se le confiere la potestad de sancionar actos con forma de ley.

No obstante, la norma constitucional en su artículo 203 establece la facultad de la Asamblea Nacional de dictar leyes habilitantes, que tienen como propósito *"establecer las directrices, propósitos y marco de las materias que se delegan al Presidente o Presidenta de la República, con rango y valor de ley"*, estableciéndose la excepción para el Presidente de la República de dictar decretos con rango, valor y fuerza de ley en materia tributaria, siempre que así fuere dispuesto por la Asamblea Nacional por ley habilitante.

2.- Principio de capacidad económica y progresividad

---

[44] FRAGA PITTALUGA, Luis. *Principios constitucionales de la tributación*, Editorial Jurídica Venezolana, Caracas, 2012, p. 53.

Tanto el principio de capacidad económica, como el principio de progresividad se encuentran señalados en el artículo 316 que dispone que: "*el sistema tributario procurará la justa distribución de las cargas públicas según la capacidad económica del o la contribuyente, atendiendo al principio de progresividad*", estableciéndose el deber para el legislador al configurar el tributo, de buscar repartir la carga de coadyuvar al gasto público, siguiendo las aptitudes del contribuyente las cuales deben manifestar una muestra de riqueza[45].

Asimismo, el sistema en el cual se engranan los distintos tributos, debe tener una finalidad progresiva, inspirada en la capacidad de contribuir de manera tal que, quien mayor riqueza manifieste sea quien contribuya en mayor medida.

3.- Principio de generalidad

El principio de generalidad se materializa en el anteriormente citado artículo 133 de la Constitución nacional, que establece que todos tenemos el deber de pagar tributos. No obstante, deberá ser en la medida en que la capacidad económica de cada individuo se lo permita[46], de acuerdo a las dispersiones establecidas en la ley, puesto que, es la ley la que impone las condiciones que debe reunir el sujeto sobre el cual recaerá el deber de coadyuvar con el gato público.

4.- Principio de igualdad tributaria

El principio de igualdad tributaria se encuentra en el artículo 21 de la Constitución de la República de Venezuela el cual señala que: "*todas*

---

[45] TARSITANO, Alberto. "El principio constitucional de capacidad contributiva" en Horacio A. García Belsunce (Coord.), *Estudios de Derecho Constitucional Tributario*, Depalma, Buenos Aires, 1994, p. 307.
[46] FRAGA PITTALUGA, Luis. *Principios…*, cit., p. 70.

JORGE E. MELEÁN BRITO

las personas son iguales ante la ley", por lo tanto, y realizando una interpretación entre los principios mencionados se aprecia que, a igualdad de capacidad económica o similares condiciones, aptitudes o manifestaciones de riqueza con efectos fiscales, deberán de ser aplicadas las mismas condiciones[47].

A tal efecto, se infiere que, al configurarse el tributo se deberá procurar un trato fiscal igual para aquellos ciudadanos con igualdad de riqueza y un trato desigual, para aquellos que no cuenten con la misma capacidad económica.

5.- Principio de no confiscatoriedad

La no confiscatoriedad es un principio señalado expresamente en el artículo 317 de la Constitución de la República Bolivariana de Venezuela, al señalar que: *"ningún tributo puede tener efecto confiscatorio"*, con lo cual se establece una limitación de carácter prohibitivo para el legislador en la configuración del tributo que busca proteger el patrimonio de los contribuyentes, evitándose con ello vaciar de contenido al derecho de propiedad[48].

En ese sentido, se aprecia como el constituyente, de forma expresa dispone que, dentro del sistema tributario, no podrán crearse tributos que priven a las personas de su derecho de propiedad, lo cual guarda una relación estrecha con los principios de capacidad contributiva, progresividad del sistema tributario y justicia tributaria[49], al evitar que estos tributos tengan fines confiscatorios.

---

[47] NEUMARK, Fristz. *Principios de la imposición*, (título original *Grundsätze gerechter und ökonomisch rationaler Steuerpolitik*, 1970, 2.ª ed., Instituto de Estudios Fiscales, Madrid, 1994, p. 135.
[48] ATENCIO VALLADARES, Gilberto. "Tributación, regulación y principio de no confiscación en Venezuela", *Revista Instituto Colombiano de Derecho Tributario*, N° 73, Bogotá D.C., 2015, p. 405. Para una mayor comprensión sobre este principio véase: ATENCIO VALLADARES, Gilberto. *El principio de no confiscatoriedad en materia tributaria. Evolución y Situación actual en España y Venezuela*, Tesis Doctoral, Universidad de Salamanca, Salamanca, 2014.
[49] ATENCIO VALLADARES, Gilberto. "Tributación…, *cit.*, p. 405.

6.- Principio de protección de la economía nacional, elevación del nivel de vida de la población y de recaudación eficiente

El principio de protección de la economía nacional al igual que los principios de elevación del nivel de vida de la población y el principio de recaudación eficiente, se encuentran reconocidos en el artículo 316 de la Constitución nacional, el primero de ellos como su nombre lo indica busca el "fortalecimiento de las empresas establecidas en el territorio nacional las cuales generan riqueza, pagan tributos, generan empleos y fortalecen la balanza de pagos"[50]. Asimismo, los principios de elevación del nivel de vida de la población y de recaudación eficiente tienen como propósito inspirar al legislador a diseñar un sistema tributario que busque robustecer el aparato productivo nacional, estableciendo para los órganos recaudatorios el deber de sopesar de manera razonable el impacto de las cargas fiscales con los costos individuales, colectivos y sociales de la población, evitándose así una recaudación extrema, que termine limitando el nivel de vida de la población.

De lo antes expuesto se puede afirmar que, la configuración del deber autoimpuesto de contribuir con el gasto público a través del tributo, se encuentra sujeto a ser desarrollado, por el Poder Legislativo o el Poder Ejecutivo, cuando este fuere habilitado, en apego a los principios reconocidos y establecidos en carta magna.

En tal sentido, si bien es cierto todas las personas están obligadas a coadyuvar con el gasto público, mencionada obligación será cumplida; cuando sea establecida por la ley y diseñada en el marco de la capacidad económica de los ciudadanos, con un trato diferenciador, progresivo, que sopese las cargas fiscales en pro del mercado

---

[50] ANDARA SUÁREZ, Lenin. *Poder...*, cit., p. 92.

productivo nacional, así como, de la población, sin que esta última por ocasión del tributo vea disminuido su nivel de vida o su capacidad económica.

La renta como manifestación de capacidad económica

La capacidad económica, es un concepto jurídico indeterminado, que supone la posibilidad que las personas puedan coadyuvar al gasto público mediante el pago de impuestos, tasas o contribuciones especiales[51], como se señaló *supra*, esta capacidad dentro del sistema tributario venezolano se enmarca como un principio constitucional tributario que debe limitar e inspirar la configuración del tributo por parte del Poder legislativo.

Ahora bien, la consideración por parte del Estado que las personas tienen capacidad económica pasa por la presencia de "unos hechos que son índice inmediato de fuerza económica, que la doctrina llama, en general, índices directos de capacidad contributiva, como la posesión de bienes o la percepción de rentas", estos denominados "índices directos de fuerza económica", son la base para la configuración de los impuestos debido a que "no suscitan dudas en cuanto a su idoneidad para servir de elemento material de la definición del hecho imponible"[52], por cuanto materializan la existencia de una aptitud por parte del sujeto de riqueza, la cual posteriormente será interpretada por el legislador al configurar el tributo.

En tal sentido, la aptitud interpretada por el legislador para considerar a un sujeto como obligado tributario estará establecida por "la presencia de hechos reveladores de riqueza (capacidad económica) que, luego de ser sometidos a la valoración del legislador

---

[51] FRAGA PITTALUGA, Luis. *Principios...*, cit., p. 75.
[52] SAINZ DE BUJANDA, Fernando. *Lecciones de Derecho Financiero*, 10ª ed., Universidad Complutense, Madrid, 1993, p. 108.

y conciliados con los fines de naturaleza política, social y económica, son elevados al rango de categoría imponible"[53].

No obstante, la simple manifestación de capacidad económica "no significa que deba someterse de forma inmediata a la tributación, ya que debe valorarse si la titularidad de la misma hace al sujeto apto para contribuir con el gasto público"[54], con lo cual, se hace necesario para el legislador en uso de su libertad determinar que índices de fuerza económica somete a tributación y cuáles no.

De acuerdo a la libertad establecida por la ley y reconocida por la doctrina al legislador para determinar que hechos, índices o manifestaciones económicas somete a tributación, así como, las cualidades del contribuyente para soportarlas se aprecia que, la renta "ha surgido como la base de imposición más representativa de la capacidad contributiva en los Estados modernos y también como índice de la participación del contribuyente en los beneficios que deparan los servicios públicos"[55], por cuanto, supone la existencia de una riqueza actual obtenida a través de un ingreso que, en tiempo oportuno puede ser soportada por el sujeto obligado.

En ese sentido, la renta como hecho generador de la obligación tributaria, posee los elementos de ser un hecho imponible de aspecto material, específico, personal, de presupuesto complejo, espacial y temporal[56], debido a que, recae sobre el enriquecimiento de una persona natural o jurídica, cuya determinación trae consigo un conjunto de actos para verificar el enriquecimiento dentro de un espacio y durante un tiempo específico.

---

[53] TARSITANO, Alberto. "El principio…, cit., p. 307.
[54] ANDARA SUÁREZ, Lenin. *Manual de derecho tributario I Derecho sustantivo*, Editor-autor, Mérida, 2018, p. 84.
[55] JARACH, Dino. *Finanzas públicas y derecho tributario*, Cangallo, Buenos Aires, 1985, p. 471.
[56] ITURBE ALARCÓN, Manuel. "El Hecho Imponible", *en el Manual venezolano de derecho tributario,* Tomo I, Asociación Venezolana de Derecho Tributario, Caracas-Venezuela, 2013, pp. 296 y ss.

Ahora bien, Venezuela por tratarse de un Estado federal descentralizado ve la estructura y ejercicio del Poder Público distribuido, tal como señala el artículo 136 de la Constitución nacional tanto de forma vertical como horizontal.

En sentido vertical el precepto constitucional dispone que se divide el Poder Público en tres (3): Nacional, Estatal y Municipal. Asimismo, en sentido horizontal el Poder Público se divide en cinco (5) poderes, a saber: el Legislativo, Ejecutivo, Judicial, Ciudadano y Electoral.

A tal efecto, la norma constitucional impone un deber de colaboración entre los órganos y demás poderes del Estado, al señalar que *"cada una de las ramas del Poder Público tiene sus funciones propias, pero los órganos a los que incumbe su ejercicio colaborarán entre sí en la realización de los fines del Estado".*

Atendiendo a esta distribución y en aras de armonizar y coordinar las diferentes atribuciones, competencias y potestades del Estado, la Constitución señala en su articulado las distintas competencias que le corresponden a cada uno de los Poderes Públicos, señalando así para el Poder Público Nacional en su artículo 156 numeral 12° la competencia para *"la creación, organización, recaudación, administración y control de los impuestos sobre la renta (...)"*, con lo cual, se determina por rango constitucional que, la renta es un índice directo de capacidad económica y se establece de forma expresa la competencia del Poder Público Nacional para su creación, administración, control y recaudación.

Ahora bien, mencionada competencia del Poder Público Nacional, fue materializada por el Poder Ejecutivo a través de ley habilitante en el Decreto con Rango, Valor y Fuerza de Ley de

Impuesto Sobre la Renta[57] (en lo sucesivo Ley de impuesto sobre la renta), el cual en un todo de acuerdo con el artículo 3 del Código Orgánico Tributario[58] regula los hechos materiales y formales del tributo tales como: la creación, modificación, supresión del tributo, el hecho imponible, la base de cálculo, alícuotas, temporalidad, beneficios fiscales, sujetos sometidos a su ámbito de aplicación, entre otros aspectos.

De lo anteriormente expuesto, se desprende que efectivamente "la obligación del sujeto pasivo de pagar el tributo al sujeto activo (…) encuentra su fundamento jurídico únicamente en un mandato legal condicionado a su vez por la Constitución"[59].

Asimismo, se entiende que, en sentido contrario surge para el sujeto activo el derecho de exigir la obligación al sujeto pasivo de pagar impuesto por la obtención de rentas, con lo cual, se origina la relación jurídico tributaria, entre el sujeto pasivo obligado al pago del tributo y el sujeto activo obligado por la ley a la creación, configuración, coordinación, recaudación, administración y control del tributo, ambas situaciones de acuerdo al principio de legalidad, sometidas al derecho y las disposiciones señaladas en la Constitución y la Ley.

La renta, sus sistemas de imposición, impuesto y características

El término renta puede definirse como la "utilidad o beneficio que rinde anualmente algo, o lo que de ello se cobra", otra definición atribuible a este término sugiere que, es el "ingreso, caudal, aumento

---

[57] Publicado en Gaceta Oficial de la República Bolivariana de Venezuela, N° 6.210 del 30 de diciembre de 2015.
[58] Decreto Constituyente mediante el cual se dicta el Código Orgánico Tributario, Gaceta Oficial de la República Bolivariana de Venezuela, N°6.507 extraordinario del 29 de enero de 2020.
[59] VALDES COSTA, Ramón. *Curso de Derecho Tributario*, 2ª ed., Temis, Bogotá, 1996, p. 295.

de la riqueza de una persona"[60].

Una definición de orden jurídico tributario nos dice que, la renta es un equivalente "del concepto de ingreso neto global" y se refiere al "producto neto de una fuente determinada"[61], de las definiciones planteadas se desprende que, el término renta se refiere al ingreso, beneficio, ganancia o utilidad neta percibida por una persona a propósito de una determinada fuente, en un tiempo determinado.

Teorías conceptuales del término renta

La renta como concepto económico-financiero[62] ha sido soportado en distintas teorías destacándose entre ellas tres (3), a saber; 1.- La fuente o renta-producto, 2.- El incremento patrimonial, y 3.- *Fisher*.

1.- Teoría de la fuente o renta-producto

La teoría de la fuente o renta-producto, define a la renta como, el producto neto periódico obtenido de una fuente permanente, deducidos los gastos en los que incurre el sujeto para producirlo y mantener intacta la fuente o producto.

Esta teoría establece que, el hecho revelador de la capacidad contributiva de un sujeto es "la renta que obtiene periódicamente, que demuestra el grado de su capacidad económica normal, excluyendo las ganancias ocasionales o eventuales que no fluyen regularmente al sujeto contribuyente"[63].

Esta renta que se obtiene, a saber, de la teoría es un enriquecimiento o ganancia nueva, distinta del producto, fuente o

---

[60] Real Academia Española. *Diccionario de la lengua española*, Madrid, 2022. [Contenido en línea] Disponible: https://www.rae.es/drae2001/renta, [Consultado: 2021, diciembre 20].
[61] JARACH, Dino. *Finanzas...*, cit., p. 472.
[62] Ídem, pp. 472 y 473 y VILLEGAS Héctor. *Curso...*, cit., pp. 533 y ss.
[63] JARACH, Dino. *Finanzas...*, cit., p. 473.

capital, con lo cual, se presenta la diferencia entre renta y capital, siendo este último la propiedad o fuente durable capaz de producir la renta, vale decir, el capital es el árbol y la renta el fruto que este produce[64].

2.- Teoría del incremento patrimonial

La teoría del incremento patrimonial, define a la renta como "todo ingreso que incrementa el patrimonio, dándose así una concepción amplísima del término renta, por cuanto se incluyen en ella no solo los ingresos periódicos sino los ocasionales, como las plusvalías, legados, donaciones, ganancias por el juego entre otros[65].

La distinción entre ambas teorías se desprende del hecho que una (la fuente) toma únicamente como renta aquel enriquecimiento nuevo obtenido de forma periódica de una fuente determinada, y la otra (incremento patrimonial) toma como renta todo ingreso recurrente u ocasional que produzca un incremento del patrimonio, quedando a discrecionalidad del legislador el poder someter a tributación especial las fuentes ocasionales de incremento patrimonial, por crear un impuesto específico para ellas, tal como el impuesto sobre sucesiones, juego o incluso sobre el patrimonio propiamente dicho.

3.- Teoría de Fisher

La teoría de *Fisher*, define la renta como "el flujo de servicios que los bienes de propiedad de una persona le proporcionan en un determinado período. Se trata pues, de la utilidad directa que los bienes proporcionan a su poseedor"[66], indistintamente si le pertenecían ya al sujeto o fueron obtenidos en el período

---

[64] VILLEGAS Héctor. *Curso...*, cit., p. 533.
[65] Ídem, pp. 533 y 534.
[66] JARACH, Dino. *Finanzas...*, cit., pp. 475 y 476.

correspondiente, por lo tanto, renta será además de los ingresos monetarios producto del trabajo o las ganancias por la fuente, la utilidad devengada por la propiedad o venta de los bienes del sujeto.

De acuerdo a las teorías planteadas, se desprende que, la teoría del incremento patrimonial a diferencia de las otras dos (2) teorías, presenta una definición amplia de renta, al definirla como aquella que comprende los ingresos obtenidos del trabajo, la combinación del capital y los ocasionales, empleando como elemento de interpretación la variación patrimonial obtenida por el sujeto en cierto período.

Asimismo, es oportuno recodar que, corresponde al legislador determinar al momento de configurar el tributo que, debe entenderse como renta y por consiguiente como hecho revelador de capacidad económica, configurándose así un concepto normativo o legalista de renta.

Los sistemas tributarios en general, han ido evolucionando y adaptando el concepto de renta a su realidad económica, en el caso de Venezuela la Ley de impuesto sobre la renta toma la teoría del incremento patrimonial para definir lo que debe entenderse por renta y la equipara al concepto de enriquecimiento neto, estableciendo en su artículo 4 que *"son enriquecimientos netos los incrementos de patrimonio que resulten después de restar de los ingresos brutos, los costos y deducciones permitidos"* por la ley, conceptos que analizaremos *infra* en el Capítulo II.

Sistemas de imposición a la renta

Determinado el concepto de renta e identificada la teoría adoptada por el sistema tributario venezolano para su imposición, es necesario distinguir entre los sistemas de imposición que existen para el establecimiento del impuesto sobre la renta.

En ese sentido, la doctrina establece que, este tributo puede ser establecido siguiendo los siguientes sistemas; 1.- Sistema de impuesto real o cedular, 2.- Sistema de impuesto unitario y 3.- Sistema de impuesto mixto.

1.- Sistema de impuesto real o cedular

El sistema de impuesto real o cedular, es aquel que, somete a tributación la renta diferenciándola de acuerdo al tipo de ingreso del cual proviene, en este sistema el legislador realiza una clasificación de rentas, las cuales somete a un trato diferenciador aplicándoles un impuesto diferente a cada clase, evitándose así la compensación entre rentas, pérdidas o deducciones entre las distintas categorías.

Este sistema, se caracteriza porque el legislador es quien decide que rentas someterá a gravamen y cuales no, por lo cual, se establece un tratamiento fiscal diferenciado o desigual, que puede o no corresponder al esfuerzo personal del sujeto sometido a gravamen[67].

2.- Sistema impositivo unitario

El sistema impositivo unitario, es aquel que, somete a tributación la totalidad de la renta obtenida por el sujeto, sin establecer un trato diferenciador entre los distintos ingresos, permitiéndole a las personas la deducción en la totalidad de la renta, así como la aplicación de alícuotas progresivas de forma racional, por no encontrarse diferenciado el impuesto por cedulas.

En ese sentido, se establece un impuesto único que grava la renta, con lo cual se exige que, sea gravaba tanto la renta de fuente territorial como la de fuente extraterritorial, no obstante, el alcance del impuesto

---

[67] Ídem, p. 477.

puede ser configurado por el legislador para solo gravar un de las dos (2) fuentes, vale decir, la fuente territorial[68].

3.- Sistema impositivo mixto

El sistema de imposición mixto tiene como propósito establecer un sistema de imposición cedular junto a un impuesto complementario que sea aplicado a la totalidad de la renta.

En ese orden de ideas, se establece un trato diferenciador por cedulas y seguidamente un impuesto complementario con alícuotas progresivas, con la finalidad de paulatinamente pasar a un sistema unitario de la renta personal[69].

Una característica de este tipo de sistemas de imposición al igual que el cedular es que se establece un trato diferenciador a las rentas dependiendo del ingreso o fuente del que se trate.

Este tipo de sistema, estuvo vigente en Venezuela en la primera Ley de Impuesto sobre la Renta de 1942[70], en la cual el legislador presento una tabla con nueve (9) tipos de ingresos los cuales se encontraban sometidos a tasas distintas que iban desde el uno por ciento (1%) hasta el diez por ciento (10%) para el caso de los ingresos ocasionales obtenidos por premios de loterías o ganancias fortuitas.

Asimismo, esta ley establecía un impuesto complementario que se aplicaba a todas las rentas ubicadas en las cedulas, este sistema fue sustituido progresivamente con la entrada en vigencia de las reformas de la ley de 1966 y las subsiguientes, hasta que en 1978 se abandonó el sistema impositivo cedular.

Ahora bien, en el caso del impuesto sobre la renta en Venezuela, se aprecia que, si bien es cierto se abandonó el sistema de imposición

---

[68] Ídem, pp. 478 y 479.
[69] Ídem, p. 479.
[70] Publicada en Gaceta Oficial de la República de Venezuela N° 20.851, del 17 de julio de 1942.

cedular, no se estableció un sistema impositivo unitario, personal y progresivo, sino que se adoptó otra forma de sistema impositivo mixto, que si bien es cierto de acuerdo al artículo 4 de la Ley de Impuesto sobre la Renta se somete a tributación la renta neta global de los sujetos obligados, no menos cierto es que se mantiene un trato diferente para las rentas de fuente salarial, estableciendo así para el empleador el deber de retener en la fuente una porción del impuesto sobre la renta del contribuyente bajo relación de dependencia[71].

El impuesto sobre la renta y sus características

El impuesto sobre la renta en Venezuela, vista las regulaciones establecidas en la constitución y la ley, así como los aspectos que rodean la definición de renta y los sistemas impositivos de este tributo se puede definir, como el impuesto directo, personal, periódico y progresivo, que se establece sobre el incremento patrimonial de los sujetos obligados, luego de imputarle las erogaciones correspondiente a los costos, deducciones, desgravámenes y demás conceptos establecidos en la Ley del Impuesto sobre la Renta.

De la definición planteada, se pueden extraer las características siguientes, a saber; 1.- Es un impuesto directo, 2.- Es un impuesto general, 3.- Es un impuesto personal, 4.- Es un impuesto periódico y 5.- Es un impuesto progresivo.

1.- Impuesto directo

El impuesto sobre la renta es un impuesto directo por cuanto recae sobre el enriquecimiento neto de las personas; tanto físicas como jurídicas, con lo cual busca gravar la manifestación de capacidad económica sobre el sujeto que la ostenta, sin que sea en principio

---

[71] JARACH, Dino. *Finanzas…*, cit., pp. 479 y 480.

posible su traslación a terceros, permitiendo la recaudación en los contribuyentes registrados ante la Administración tributaria nacional.

2.- *Impuesto general*

Es un impuesto general debido a que grava la totalidad de la renta neta global de los sujetos obligados, por cuanto somete a tributación el incremento patrimonial neto de las personas, bien sea de fuente territorial como las de fuente extraterritorial.

No obstante, es oportuno comentar que, si bien se trata de un impuesto general, en el caso de los enriquecimientos de sujetos obligados a servicios personales bajo relación de dependencia, no se caracteriza por gravar la totalidad de los ingresos ocasionales o accidentales.

Por cuanto, la Sala Constitucional en uso de su jurisdicción normativa en criterio expresado en la sentencia N° 301[72], aclarado en sentencia N° 390[73] y reiterado en la sentencia N°673[74] interpreto y modifico el artículo 31 de la Ley de Impuesto sobre la Renta, señalando así que, no es considerado renta o enriquecimiento neto para las personas bajo relación de dependencia "las percepciones de carácter accidental, las derivadas de la prestación de antigüedad y las que la Ley considere que no tienen carácter salarial".

---

[72] Tribunal Supremo de Justicia-Sala Constitucional sentencia N° 301 de fecha 27 de febrero de 2007, expediente N° 01-2862. [Contenido en línea] Disponible http://historico.tsj.gob.ve/decisiones/scon/febrero/301-270207-01-2862.HTM [Consultado: 2021, diciembre 20].
[73] Tribunal Supremo de Justicia-Sala Constitucional sentencia N° 390 de fecha 09 de marzo de 2007, expediente N° 01-2862. [Contenido en línea] Disponible http://historico.tsj.gob.ve/decisiones/scon/marzo/390-090307-01-2862.HTM [Consultado: 2021, diciembre 20].
[74] Tribunal Supremo de Justicia-Sala Constitucional sentencia N° 673 de fecha 02 de agosto de 2016, expediente N° 15-0255. [Contenido en línea] Disponible http://historico.tsj.gob.ve/decisiones/scon/marzo/390-090307-01-2862.HTM [Consultado: 2021, diciembre 20]. Véase: MELEÁN BRITO, Jorge. "*Addemdum* jurisprudencial Análisis de la sentencia del 02 de agosto de 2016 de la SC-TSJ: Caso Art. 31 LISLR", en *Revista Estado de Derecho Rechtsstaat*, Año 1, N° 2, GIROVOMO, Universidad de Los Andes, Mérida, 2019.

3.- Impuesto personal

Este impuesto es personal habida cuenta que, el legislador como veremos *infra* determina de manera objetiva y subjetiva el sujeto sobre el cual recae la obligación tributaria, requiriendo que este colabore con la Administración tributaria nacional mediante la inscripción ante su registro con la finalidad de cumplir con su obligación, estableciendo el legislador a favor del sujeto obligado una serie de beneficios, a propósito de determinar objetivamente su capacidad contributiva.

4.- Impuesto periódico

Por tratarse el impuesto sobre la renta de un impuesto que grava la manifestación de capacidad económica representada en el incremento del patrimonio, es lógico sospechar que, se trate de un impuesto periódico, por cuanto, para el establecimiento de la variación patrimonial es necesario que, el sujeto obligado perciba un ingreso que a razón del legislador ocasione el incremento patrimonial dentro de un período de tiempo.

No obstante, su periodicidad no se encuentra solo sujeta a este hecho cierto, sino que, el legislador en la configuración del tributo estableció que el mismo sea recaudado de forma anual, estableciendo que el mismo será de doce (12) meses, empleando como período fiscal el año calendario.

5.- Impuesto progresivo

Como veremos *infra* el impuesto sobre la renta es un impuesto de tipo progresivo por cuanto dentro del articulado de su normativa se establecen reglas que tienen como propósito gravar en mayor medida a aquellos que manifiesten una mayor capacidad económica, estableciendo el legislador un trato diferente a razón de manifestaciones económicas distintas, que se materializa en la incorporación de unas tablas de acuerdo a los enriquecimientos netos con alícuotas de tipo progresivas.

Ahora bien, la ley especial dictada en materia tributaria de impuesto sobre la renta establece los elementos materiales y formales que rodean la creación del tributo.

No obstante, la misma lo hace de manera general, por tanto, corresponde al Poder Ejecutivo, como ente acreedor del tributo dar cumplimiento a las disposiciones y realizar las operaciones administrativas que permitan particularizar en cada sujeto obligado el *quantum* de la obligación tributaria, de acuerdo al principio de legalidad que rodea las actuaciones del Poder Público estarán reguladas por la ley[75].

La determinación del tributo

La determinación del tributo ha sido definida como el "acto o conjunto de actos dirigidos a precisar, en cada caso particular, si existe una deuda tributaria (*andebeatur*)", así como, "quién es el obligado a pagar el tributo al fisco (sujeto pasivo) y cuál es el importe de la deuda (*quantum debeatur*)"[76].

En tal sentido, este concepto puede ser definido como "el acto o serie de actos necesarios para la constatación y valoración de los diversos elementos constitutivos del impuesto, con la consiguiente aplicación del tipo de gravamen correspondiente, que conduce a la

---

[75] Son parte de las "facultades del órgano administrativo acreedor del tributo en materia de control, determinación de la deuda y derecho a exigir el pago", VALDES COSTA, Ramón. *Curso...*, cit., p. 295.
[76] VILLEGAS Héctor. *Curso...*, cit., p. 329.

concreta fijación de la obligación tributaria"[77].

De las definiciones planteadas se desprende la importación de este acto, por cuanto permite la valoración y aplicación de los supuestos regulados en la norma en cada caso particular, con el propósito que, el obligado tributario, conozca el monto pecuniario con el cual efectivamente contribuirá con el gasto público, vale decir, el monto adeudado al Estado por concepto de impuesto.

La determinación, en ese sentido, debe entenderse como el "acto del sujeto pasivo por el que se reconoce que se ha realizado un hecho generador que le es imputable o un acto de la Administración que constata esa realización, imputable a uno o varios sujetos pasivos", correspondiendo en ambos casos cuantificar y liquidar "el adeudo en dinero, una vez valorizada la base imponible y aplicada la tasa o alícuota ordenada por la ley"[78].

Aunado a ello, se puede indicar que la determinación "consiste en la realización de un acto o discurrir de un conjunto de éstos, por parte de los sujetos de la relación jurídico-tributaria", vale decir, sujeto pasivo, activo o ambos de manera conjunta), "dirigidos a declarar o constituir (dependiendo de la naturaleza que se le reconozca) la existencia del débito-crédito fiscal a cargo" de la administración tributaria "por medio de la constatación particular del hecho imponible"[79].

De la definición planteada, guarda relación con las anteriores, debido a que, reúne los elementos antes indicados, a saber; es un acto que constata y concreta los elementos de la ley en cada caso particular,

---

[77] PERULLES BASAS, Juan. *Manual de Derecho Fiscal (parte general)*, Boch, Barcelona, 1961, p. 365.
[78] DE LA GARZA, Sergio. *Derecho Tributario Mexicano*, 18ª ed., Porrúa, México, 2000, p. 268.
[79] ABACHE CARVAJAL, Serviliano. "La determinación de la obligación tributaria", *en el Manual venezolano de derecho tributario*, Tomo I, Asociación Venezolana de Derecho Tributario, Caracas-Venezuela, 2013, p. 463.

sin embargo, plantea que este acto puede ser realizado de dos (2) formas; bien por el propio sujeto obligado como un acto de reconocimiento de la obligación tributaria, o bien por la Administración tributaria en ejecución de las facultades establecidas en la ley.

La determinación, como acto dirigido a precisar la existencia de una deuda tributaria a favor del Estado como se indicó *supra*, puede clasificarse de acuerdo al sujeto que la realiza.

En ese sentido, dentro del Estado venezolano puede ser de cuatro (4) tipos, a saber; 1.- Determinación tributaria de oficio, 2.- Determinación tributaria por el sujeto pasivo o particular, 3.- Determinación tributaria mixta, y 4.- Determinación tributaria judicial.

1.- La determinación tributaria de oficio

La determinación tributaria de oficio o también denominada determinación administrativa se presenta como la determinación primaria, por ser aquella practicada propiamente por la Administración tributaria con la finalidad de poner en conocimiento al sujeto obligado de la existencia de una deuda a favor del ente acreedor.

Esta determinación es definida como aquella que "practica el fisco, ya sea por estar así ordenado en la ley este procedimiento o por otras circunstancias" [80], tal como, que el sujeto obligado no hubiere presentado la declaración en el tiempo oportuno o siguiendo las exigencias establecidas en la ley.

Asimismo, otra circunstancia que origina la determinación tributaria de oficio es que, el sujeto obligado no presenté los datos

---

[80] VILLEGAS, Héctor. *Curso...*, cit., p. 339.

exigidos por la Administración tributaria en el tiempo oportuno o que incluso hubiere presentado la declaración y los datos exigidos por la Administración tributaria, pero la determinación fuere objeto de un reparo.

Si bien es cierto, este tipo de determinación tributaria era la mayormente empleada por los Estados para colocar en conocimientos a sus contribuyentes de la deuda a favor del ente acreedor, así como, el *quatum* a pagar por la misma, no menos cierto es, que en la actualidad se aprecia que, es empleada de forma accidental o eventual.

El carácter accidental o eventual de la determinación tributaria de oficio en la actualidad se debe a un hecho definido como masificación tributaria que, se entiende como "el proceso en virtud del cual se produce la aparición en su seno de un número elevado de contribuyentes, muy por encima de los que se pueden considerar normales en otras etapas"[81].

La aparición elevada de contribuyentes dentro del ámbito de aplicación de la normativa tributaria, obedece entre otras cosas, al incremento del tráfico económico nacional y transfronterizo, la globalización y el surgimiento de nuevos actos tributarios que tienen como propósito gravar estos actos, así como, el principio y aplicación general de la normativa tributaria, con lo cual se hace humanamente imposible para la Administración tributaria contactar y notificar a cada contribuyente de su deuda tributaria particular.

La definición plantea *supra* supone en el entendido de un determinado tributo que su masificación pase por el hecho cierto de comparar o valorar dentro de sus antecedentes el incremento en la base de sus contribuyentes[82].

---

[81] CAZORLA PRIETO, Luis. *Las llamadas liquidaciones paralelas en el IRPF*, Ciss, Valencia, 1988, p. 32.
[82] ANDARA SUÁREZ, Lenin. *La autoliquidación y su incidencia en el sistema de aplicación de los tributos en España*, JM Bosch Editor, Barcelona, 2018, p.115.

JORGE E. MELEÁN BRITO

No obstante, cuando no se ostente de mencionados datos se estará en presencia de una tributación en masa, siendo así que los sistemas tributarios que emplean el principio de la generalidad ven que "el número de contribuyentes sea marcadamente elevado y ello determina, en parte la forma de entender el fenómeno tributario en su conjunto"[83].

En el caso del sistema tributario venezolano, el cual reconoce mencionado principio de generalidad, no es ajeno entender que, la evolución del sistema tributario y propiamente del impuesto sobre la renta adoptado desde el año 1942, traiga consigo la aparición del fenómeno de masificación tributaria, con lo cual se denota que, si bien la determinación de oficio pudo constituir en el pasado la regla, en la actualidad ha sido sustituida por la determinación tributaria del sujeto pasivo.

Ahora bien, el Código Orgánico Tributario dentro de las facultades, atribuciones y competencias señaladas para la Administración tributaria nacional en su artículo 131 en los numerales 2° y 3° reconoce a esta la facultad de determinar y liquidar los tributos cuando fuere procedente, clasificando a su vez la determinación tributaria de oficio según su artículo 141 *eiusdem* en dos sistemas, a saber; sobre base cierta o sobre base presuntiva.

A.- Determinación sobre base cierta

La determinación tributaria de oficio sobre base cierta, a tenor de lo dispuesto en el artículo 141 del Código Orgánico Tributario es aquella que practica la Administración tributaria *"con apoyo en todos los elementos que permitan conocer en forma directa los hechos imponibles"*, entre los elementos que permitirán a la Administración tributaria nacional realizar la referida determinación se encuentran; la

---

[83] Ídem, p. 120.

colaboración del sujeto pasivo en la presentación de los documentos, soportes y demás elementos contables que soporten sus operaciones, así como la realización de los procedimientos de control administrativo que esta realice con la debida colaboración del obligado tributario.

B.- Determinación sobre base presuntiva

La determinación tributaria de oficio sobre base presuntiva, como su nombre lo sugiere es aquella que, practica la Administración tributaria nacional sobre hechos o indicios que sugieren la presencia de un hecho imponible, en tal sentido el artículo 141 del Código Orgánico Tributario señala que, se aplica *"en mérito de los elementos, hechos y circunstancias que por su vinculación o conexión con el hecho imponible permitan determinar la existencia y cuantía de la obligación tributaria"*.

No obstante, el empleo de este sistema tiene un carácter excepcional y se materializa, cuando concurran determinados supuestos, entre los cuales el artículo 142 *eiusdem* señala que, el contribuyente o responsable se oponga u obstaculice el inicio o desarrollo de los procedimientos de fiscalización llevados por la Administración tributaria nacional.

Otros de los supuestos para que procesa la determinación de oficio sobre base presuntiva, es que el sujeto pasivo lleve *"dos o más sistemas de contabilidad con distinto contenido"*, no colabore con la Administración tributaria nacional en la presentación de los *"libros y registros de la contabilidad, la documentación comprobatoria"*, no se proporcione la información relativa a *"las operaciones registradas"*, o se incurra en irregularidades en el registro de las operaciones que soporten las actividades económicas llevadas por los sujetos obligados.

2.- La determinación por el sujeto pasivo o particular

La determinación tributaria por el sujeto pasivo, también llamada autodeterminación o autoliquidación se entiende como el "acto realizado por el particular, en cumplimiento del deber de autoliquidar, por el que manifiesta su voluntad proponiendo a la Administración una determinada cuantía de su prestación tributaria por él calculada, y para cumplirla en tal cantidad", planteándose así una relación de colaboración del particular con la Administración, en la cual el sujeto pasivo "va a realizar todas aquellas operaciones de interpretación, valoración y cálculo necesarios para la cuantificación de la obligación tributaria derivada de los hechos imponibles declarados por el mismos"[84].

En el caso de esta determinación tributaria "el sujeto no sólo pone en conocimiento de la Administración los hechos necesarios para determinar la deuda tributaria y su cuantía", sino que en el mismo acto el particular "incluye el resultado de las operaciones de calificación y cuantificación necesarias para calcular el importe de la deuda, que es el punto final de la autoliquidación"[85].

Este tipo de determinación, más que un acto, pasa a ser una manifestación voluntaria de reconocimiento de los hechos determinados en la ley, en el cual se realizan las operaciones necesarias para cuantificar el monto de la deuda con fines a determinar si existió o no la deuda, y si existió cual es el monto a pagar.

Esta manifestación voluntaria del sujeto pasivo recibe el nombre de declaración tributaria o autoliquidación y se ha definido como "el

---

[84] FERNÁNDEZ PAVES, María. *La autoliquidación tributaria*, Instituto de Estudio Fiscales-Marcial Pons, Madrid, 1995, p. 26.
[85] PÉREZ ROYO, Fernando. *Derecho financiero y tributario. Parte general*, 23ª ed., Aranzadi, Navarra, 2013, p. 283.

acto jurídico del sujeto pasivo de la relación tributaria cuyo contenido es la comunicación de la producción de un hecho generador de un crédito tributario mediante los datos y elementos relevantes para su determinación", resaltándose en algunos casos la pretensión del sujeto pasivo de que "la Autoridad tributaria reconozca como válida dicha liquidación"[86], evitando así la necesidad de estar sujeto a un procedimiento de determinación de la obligación de oficio.

La referida autoliquidación, se establece como "una prestación, objeto de una obligación legal", por lo que "tiene naturaleza de un acto debido en virtud de disposiciones legales", las cuales "en ciertos ordenamientos impositivos y para determinados impuestos (…) sólo contiene el suministro por parte del contribuyente u otro sujeto a la administración pública de datos informativos sobre la realización, en casos concretos, de los hechos imponibles definidos abstractamente por la ley"[87], vale decir, materializa una prestación establecida por la ley al obligado tributario de la realización del hecho imponible, junto a los comprobantes informáticos que soportan el acto.

El marco regulatorio venezolano, si bien reconoce la realización de este tipo de determinación, no realiza una definición propia, tal como lo hace el marco regulatorio español al definir la autoliquidación en el artículo 120.1 de la Ley 58/2003, General Tributaria[88], que señala por autoliquidación las:

> *[D]eclaraciones en las que los obligados tributarios, además de comunicar a la Administración los datos necesarios para la liquidación del tributo y otros de contenido informativo, realizan por sí mismos las operaciones de calificación y cuantificación necesarias*

---

[86] DE LA GARZA, Sergio. *Derecho...*, cit., p. 570.
[87] JARACH, Dino. *Finanzas...*, cit., p. 425.
[88] Ley 58/2003 General Tributaria del Reino de España. Boletín Oficial de Estado (BOE) N° 302, del 18 de diciembre de 2003. [Contenido en línea] Disponible: https://www.boe.es/buscar/act.php?id=BOE-A-2003-23186 [Consultado: 2021, diciembre 20].

para determinar e ingresar el importe de la deuda tributaria o, en su caso, determinar la cantidad que resulte a devolver o a compensar.

Reconociendo para los particulares además del deber de comunicar a la Administración los hechos en los que se soporta la obligación tributaria, el deber de cuantificar y determinar el importe (*quantum*) de la deuda a pagar, si la hubiere.

En el caso del sistema tributario venezolano, la determinación del sujeto pasivo se encuentra acompañada de una serie de deberes formales o prestaciones de hacer orientadas a documentar las operaciones que soportaran la autoliquidación, debido a que, esta declaración tal como señala el artículo 157 del Código Orgánico Tributario se *"presumen fiel reflejo de la verdad y comprometen la responsabilidad de quienes las suscriban"*.

3.- La determinación mixta

La determinación mixta como su nombre lo indica, es el tipo de determinación que "efectúa la administración con la cooperación del sujeto pasivo". En este caso, "el sujeto pasivo aporta los datos que le solicita el fisco, pero quien fija el importe a pagar es el órgano fiscal, [y] no el sujeto pasivo"[89], en el marco regulatorio venezolano esta determinación es la aplicada principalmente en las aduanas.

4.- La determinación judicial

La determinación tributaria judicial, es un tipo de determinación realizada en sede judicial, reconocida en Venezuela pese a no encontrarse regulada expresamente en el Código Orgánico Tributario.

---

[89] VILLEGAS, Héctor. *Curso...*, cit., p. 338.

Esta determinación "se ubica en las facultades de los jueces de lo contencioso tributario" las cuales "no se limitan a la declaratoria de la nulidad del acto sometido al control judicial de legalidad, sino que van más allá, siendo verdaderas potestades de plena jurisdicción"[90] y procede en los casos en los cuales se realiza una impugnación por parte del sujeto pasivo contra la determinación de oficio realizada por la Administración tributaria nacional.

En ese sentido, el órgano jurisdiccional tiene la competencia no solo de "revisar la legalidad del acto impugnado, sino también modificarlo y decidir sobre el asunto debatido. De esta manera denota un carácter tanto revisor como justicial que encuentra expresión en Venezuela a través del Recurso Contencioso Tributario"[91] previsto en el artículo 286 Código Orgánico Tributario, trasladándose en este caso al Juez la facultad para determinar la deuda tributaria.

Los sujetos pasivos y sus obligaciones

Los sujetos pasivos como se puede inferir de líneas anteriores, son aquellos sujetos sobre los cuales recae el deber de coadyuvar con el financiamiento de los fines del Estado por medio del cumplimiento de las obligaciones tributarias establecidas en la ley.

En Venezuela el Código Orgánico Tributario a partir de su Título II, Capítulo III, titulado *"Del Sujeto Pasivo"* establece una definición legal en su artículo 19 que señala que, estos son *"el obligado al cumplimiento de las prestaciones tributarias, sea en calidad de contribuyente o de responsable".*

De la definición legal transcrita se aprecia que, los sujetos pasivos son clasificados por el legislador en el referido Código en dos (2)

---

[90] ABACHE CARVAJAL, Serviliano. "La determinación…, cit., p 470.

[91] ANDARA SUÁREZ, Lenin. *El acto de la liquidación tributaria, La determinación por la administración tributaria*, Serie Menor, Consejo de Publicaciones, Universidad de Los Andes, Venezuela, 2013, p. 24.

formas, contribuyentes o responsables, no obstante, en el sistema tributario venezolano el legislador en cada ley especial tributaria establece una clasificación propia dirigida a determinar aquellos sujetos obligados a las prestaciones tributarias de cada impuesto, con lo cual, se puede distinguir una subclasificación[92] en cada ley que sigue los aspectos generales establecidos en el precepto 19 del Código Orgánico Tributario.

Clasificación general de los sujetos pasivos

Como señala el artículo 19 del Código Orgánico Tributario los sujetos pasivos son clasificados y diferenciados por el legislador en calidad de contribuyentes y responsables.

1.- Contribuyentes

El contribuyente es definido en el artículo 22 del Código Orgánico Tributario como *"los sujetos pasivos respecto de los cuales se verifica el hecho imponible"*, vale decir, los sujetos sobre los cuales se constata la realización del hecho que origina la obligación tributaria, estableciendo el referido precepto que, esta condición puede recaer sobre:

1.- *"Las personas naturales, prescindiendo de su capacidad según el derecho privado"*,

2.- *"Las personas jurídicas y demás entes colectivos a los cuales otras ramas jurídicas atribuyen calidad de sujeto de derecho"*,

3.- *"Las entidades o colectividades que constituyan una unidad económica, dispongan de patrimonio y tengan autonomía funcional"*, vale decir, las entidades sin personalidad jurídica.

Asimismo, continua el Capítulo III del Código Orgánico

---

[92] Término empleado por ANDARA SUÁREZ, Lenin. *Manual...*, cit., p. 105.

Tributario confiriendo la calidad de contribuyente a una serie de sujetos tomando en consideración determinadas causas, en ese sentido el artículo 24 *eiusdem* señala que "*los derechos y obligaciones del contribuyente fallecido serán ejercidos o, en su caso, cumplidos por el sucesor a título universal, sin perjuicio del beneficio de inventario. Los derechos del contribuyente fallecido transmitido al legatario serán ejercidos por éste*", con lo cual se establece para los sucesores, tanto en calidad de heredero como de legatario el calificativo de contribuyentes por los derechos del contribuyente fallecido.

Esta calificación adoptada por el Código Orgánico Tributario se produce debido al hecho que los sucesores, tanto herederos como legatarios, de acuerdo a sus características, suceden al *de cujus*, vale decir, se colocan en el lugar del fallecido para continuar sus relaciones jurídicas adquiriendo tanto sus derechos como sus obligaciones[93], entre las cuales se encuentran las obligaciones de contenido tributario.

Ahora bien, como mencionadas obligaciones pueden generar un perjuicio en el patrimonio propio del sucesor, por cuanto pueden ser mayores las obligaciones que el beneficio a recibir, el referido precepto reconoce y traslada la figura civil del beneficio de inventario al ámbito tributario, permitiendo así mantener separado el patrimonio propio del sucesor (heredero o legatario), del patrimonio del *de cujus*, evitando pagar las obligaciones recibidas con el patrimonio del sucesor, no obstante, dichas obligaciones tributarias son distintas a la obligación tributaria que nace y es establecida en la Ley del impuesto sobre sucesiones, donaciones y demás ramos conexos.

Retomando el artículo 24 del Código Orgánico Tributario el legislador señala que "*en los casos de fusión, la sociedad que subsista o resulte de la misma asumirá cualquier beneficio o responsabilidad de carácter tributario que corresponda a las sociedades fusionadas*",

---

[93] SOJO BIANCO, Raúl. Apuntes de Derecho de Familia y Sucesiones, 14ª ed., Mobil-Libros, Caracas, 2007, pp. 310 y ss.

otorgándole la calidad de contribuyente a la persona jurídica que resulte de una fusión por reconocer el legislador que esta recibe el patrimonio, que comprende tanto los derechos como las obligaciones, entre ellas las obligaciones de tipo tributarias de la sociedad absorbida o extinguida.

En este caso, se puede distinguir que, en la fusión por absorción existen dos (2) partes una es la sociedad absorbente y otra la sociedad absorbida, la cual transmite su patrimonio en bloque a la sociedad absorbente.

Asimismo, en el caso de la fusión que da lugar a una nueva sociedad, se aprecian dos (2) o más sociedades que se unen y por consiguiente se extinguen para dar nacimiento a una sociedad nueva, la cual adquiere el patrimonio de las sociedades involucradas y dan como resultado que la nueva sociedad sea la responsable de las obligaciones que soportaban las sociedades extinguidas, entre ellas las deudas tributarias "este tipo de disposiciones son comunes para evitar que por la vía de reestructuraciones empresariales, se pueda evitar el cumplimiento de las obligaciones tributarias"[94].

Asimismo, se debe recordar que los convenios particulares, entre ellos el acuerdo o acto de fusión no pueden llevar al desconocimiento de las obligaciones tributarias, por cuanto y como señala el artículo 14 del Código Orgánico Tributario los mismos *"no son oponibles al Fisco, salvo en los casos autorizados por la ley"*.

El artículo 23 del Código Orgánico Tributario resalta las prestaciones tributarias al disponer que los contribuyentes *"... están obligados al pago de los tributos y al cumplimiento de los deberes*

---

[94] ATENCIO VALLADARES, Gilberto. "Los responsables tributarios en Venezuela: Algunos supuestos", *Revista de Derecho Tributario*, N° 145, Asociación Venezolana de Derecho Tributario-Legis, Caracas, 2015, p. 155. [Página *web* en línea] Disponible: http://avdt.msinfo.info/bases/biblo/texto/REVISTA%20DE%20DERECHO%20TRIBUTARIO%20No%20145%20ENERO%20FEBRERO%20MARZO%202015.pdf [Consulta: 2020, mayo 18].

formales impuestos por este Código o por normas tributarias", deberes que serán definidos y tratados en el Capítulo III.

2.- Responsables

Los sujetos pasivos calificados como Responsables son definidos en el artículo 25 del Código Orgánico Tributario como *"los sujetos pasivos que, sin tener el carácter de contribuyente, deben por disposición expresa de la ley, cumplir las obligaciones atribuidas a los contribuyentes"*, con la finalidad entre otras cosas de garantizar para la Administración tributaria la recaudación y pago de los tributos originados por el contribuyente[95].

Esta situación es justamente la que diferencia la clasificación de los sujetos pasivos de contribuyentes y responsables, por cuanto "el contribuyente es responsable por una deuda propia, y el responsable por una deuda ajena"[96], reconociendo el Código Orgánico Tributario para el responsable que paga la deuda tributaria ajena el derecho de reclamar del contribuyente la cantidad pagada[97].

El Código Orgánico Tributario establece una subclasificación entre los sujetos pasivos en calidad de responsables, dividiéndolos en responsables directos y solidarios.

A.- Responsable directo

Son responsables directos por disposición del artículo 27 del Código Orgánico Tributario las personas designadas *"por la ley o por la Administración previa autorización legal, que por sus funciones públicas o por razón de sus actividades privadas, intervengan en*

---

[95] ATENCIO VALLADARES, Gilberto. "Los responsables…, cit., p. 144.
[96] VALDÉS COSTA, Ramón. *Curso…*, cit., p. 313.
[97] Artículo 26 del Código Orgánico Tributario *"El responsable tendrá derecho a reclamar del contribuyente el reintegro de las cantidades que hubiere pagado por él"*.

actos u operaciones en los cuales deban efectuar la retención o percepción del tributo correspondiente", conocidos como Agentes de retención o percepción.

El Agente de retención es definido respecto al contribuyente como "un deudor (...) o alguien que, por su función pública, actividad, oficio o profesión, se halla en contacto directo con un importe dinerario" propiedad del contribuyente "o que éste debe recibir, ante lo cual tiene la posibilidad [y obligación] de amputar la parte que corresponde al fisco en concepto de tributo".

Por su parte, el Agente de percepción se define y contrapone con el Agente de retención por ser "aquel que, por su profesión, oficio, actividad o función, está en una situación tal que le permite recibir del contribuyente un monto tributario que posteriormente debe depositar a la orden del fisco"[98].

Sobre esta categoría de sujetos pasivos responsables se advierte que, son "siempre designados por ley en cumplimiento del principio de reserva legal, que quedan obligados a realizar retenciones impositivas o percepción de tributos que podrán tener carácter definitivo o a cuenta de un tributo que resulte mayor"[99], esta designación realizada por la ley o por la Administración tributaria nacional en los casos que es autorizada se realiza tomando en cuenta la relación legal o contractual que tienen los Agentes de retención o percepción con el contribuyente, señalando el referido precepto 27 del Código Orgánico Tributario que en los casos que dicha relación sea producto de una actividad privada los agentes *"no tendrá el carácter de funcionario público".*

---

[98] VILLEGAS, Héctor. *Curso...*, cit., p. 263.
[99] SOL GIL, Jesús. "El agente de retención o percepción tributario", *Revista de Derecho Tributario*, N° 145, Asociación Venezolana de Derecho Tributario-Legis, Caracas, 2015, pp. 176-177. [Página *web* en línea] Disponible: http://avdt.msinfo.info/bases/biblo/texto/REVISTA%20DE%20DERECHO%20TRIBUTARIO%20No%20145%20ENERO%20 FEBRERO%20MARZO%202015.pdf [Consulta: 2020, junio 9].

ASPECTOS GENERALES Y DEBERES FORMALES DE LA IMPOSICIÓN A LA RENTA EN VENEZUELA

Asimismo, el artículo 27 continúa señalando para los agentes que una vez *"efectuada la retención o percepción el agente será el único responsable ante el fisco"*, configurándose su responsabilidad como sustituto del contribuyente ante la Administración tributaria nacional, indicándose para este caso que "el contribuyente queda liberado frente al fisco acreedor en virtud de que ha pagado a la persona designada por éste"[100], correspondiendo ahora dicha obligación al agente designado.

No obstante, señala el referido precepto 27 que, en los casos que los Agentes de retención o percepción no realicen la retención o percepción a la que se encuentran obligados, su responsabilidad será solidaria junto al contribuyente, caso en el cual la Administración tributaria puede "constreñir tanto al contribuyente como al agente por el pago de la cantidad que ha debido ser retenida o percibida"[101].

El deber de retener o percibir un tributo a favor de la Administración tributaria implica el cumplimiento de una serie de prestaciones tributarias en cabeza del Agente o responsable, que hacen controvertido precisar la naturaleza de mencionada figura, por un lado soportan la realización de "una prestación de hacer que presupone el cálculo del monto a retener o percibir, y posteriormente, hacer efectiva la retención o percepción, para ello el agente ha de emplear diversos mecanismos administrativos que constituyen a su vez costos indirectos no reconocidos por el sujeto activo de la relación obligacional"[102], por otro lado, y una vez realizadas las prestaciones indicadas soporta la prestación de dar a la Administración tributaria nacional los ingresos retenidos o percibidos, con lo cual nacen para el

---

[100] MORENO DE RIVAS, Aurora. "Responsabilidad personal de los representantes, gerentes, administradores y asesores tributarios de empresas". *Estudios sobre el Código Orgánico Tributario de 2001*, Livrosca, Caracas, 2002, p. 275.
[101] MORENO DE RIVAS, Aurora. "Responsabilidad...", cit., p. 275.
[102] ANDARA SUÁREZ, Lenin José. *Manual...*, cit., p. 112.

agente una serie de cargas que originalmente no posee el contribuyente.

B.- Responsable solidario

Son responsables solidarios además de los Agentes de retención y percepción cuando no realicen las retenciones o percepciones a las que se encuentran obligados, los sujetos señalados en el artículo 28 del Código Orgánico Tributo por lo tributos, multas y accesorios *"derivados de los bienes que administren, reciban o dispongan"* las siguientes personas:

1.- *"Los padres, los tutores y los curadores de los incapaces y de herencias yacentes"*,

2. *"Los directores, gerentes, administradores o representantes de las personas jurídicas y demás entes colectivos con personalidad reconocida"*,

3.- *"Los que dirijan, administren o tengan la disponibilidad de los bienes de entes colectivos o unidades económicas que carezcan de personalidad jurídica"*,

4.- *"Los mandatarios, respecto de los bienes que administren o dispongan"*,

5.- *"Los síndicos y liquidadores de las quiebras; los liquidadores de sociedades, y los administradores judiciales o particulares de las sucesiones; los interventores de sociedades y asociaciones"*,

6.- *"Los socios o accionistas de las sociedades liquidadas"*, y

7.- *"Los demás que conforme a las leyes así sean calificados"*.

Los supuestos de responsabilidad solidaria establecidos en el referido precepto a las personas señaladas obedece a una "responsabilidad por administración" que se encuentra asignada "por la ley en atención a unas funciones o facultades que colocan al sujeto responsable frente a decisiones que [se presume] inciden en la obligación tributaria del sujeto administrado o representado", la cual "debe ser consecuencia de la falta de diligencia en el ejercicio de esas facultades" [103], señalando el final del artículo 28 del Código Orgánico Tributario que la responsabilidad *se limitará al valor de los bienes que se reciban, administren o dispongan*".

Asimismo, el artículo 29 del Código Orgánico Tributario, establece como responsables solidarios a los *"adquirentes de fondos de comercio, así como los adquirentes del activo y del pasivo de empresas o entes colectivos con personalidad jurídica o sin ella"*, todo ello para evitar como se indicó *supra* que, en las operaciones o acuerdos de reestructuración empresarial, que se realicen entre personas jurídicas, se desconozcan las obligaciones tributarias a favor de la Administración tributaria nacional.

En tal sentido, finaliza el artículo 29 del referido Código estableciendo que *"la responsabilidad establecida en este artículo estará limitada al valor de los bienes que se adquieran, a menos que el adquirente hubiere actuado con dolo o culpa grave"*, continuando el precepto señalando que, la Administración tributaria nacional durante el lapso de un (1) año contado a partir de la comunicación de las operaciones *"podrá requerir el pago de las cantidades por concepto de tributos, multas y accesorios determinados, o solicitar la constitución de garantías respecto de las cantidades en proceso de fiscalización y determinación"*.

El artículo 41 del Código Orgánico Tributario señala para la Administración tributaria nacional la facultad de *"establecer plazos*

---

[103] MORENO DE RIVAS, Aurora. "Responsabilidad…, cit., p. 279.

para la presentación de declaraciones juradas y pagos de los tributos, con carácter general para determinados grupos de contribuyentes o responsables de similares características, cuando razones de eficiencia y costo operativo así lo justifiquen", mencionados grupos de contribuyentes o responsables son calificados por la en el sistema tributario venezolano con el término de *"especiales"*.

La atribución conferida en el precitado precepto ha sido desarrollada por la Administración tributaria nacional en distintas Providencias Administrativas, resaltándose en la actualidad la Providencia Administrativa N° SNAT/2023/00005[104] la cual señala en su artículo 1 que

> *La Administración Tributaria, podrá clasificar sujetos pasivos como especiales y notificar en forma expresa de tal condición por la Gerencia de Contribuyentes Especiales de la Región Capital, por las Gerencias Regionales de Tributos Internos y por os Sectores de Tributos Internos, de conformidad a las normas contenidas en esta Providencia Administrativa.*

Debiendo la Administración tributaria nacional notificar de forma expresa a los sujetos pasivos de la Providencia Administrativa que los califica como *"sujetos pasivos especiales"*[105].

Un sector de la doctrina ha considerado que la calificación de sujetos pasivos especiales no constituye "una nueva categoría de sujeto pasivo de la obligación tributaria, sino que se trata de una

---

[104] Providencia Administrativa N° SNAT/2023/00005, publicada en Gaceta Oficial de la República Bolivariana de Venezuela, N° 42.588 del 14 de marzo de 2023, la cual derogo la Providencia Administrativa N° 0685, publicada en Gaceta Oficial de la República Bolivariana de Venezuela, N° 38.622 del 8 de febrero de 2007.

[105] Artículo 1 del Reglamento sobre el cumplimiento de deberes formales y pago de tributo para determinados sujetos pasivos con similares características, Gaceta Oficial de la República de Venezuela, N° 35.816 del 13 de octubre de 1995.

Aspectos Generales y Deberes Formales de la Imposición a la Renta en Venezuela

herramienta creada por el SENIAT para mejorar su competencia de recaudación de los tributos" [106].

No obstante, estos sujetos dentro del sistema tributario venezolano son sometidos a mecanismos rigurosos de control fiscal por parte de la Administración tributaria e incluso a tributos[107] y deberes formales distintos del resto de sujetos pasivos, con lo cual somos del criterio de considerar en general a los sujetos pasivos en dos (2) grupos: 1.- Sujetos pasivos y 2.- Sujetos pasivos especiales, los cuales ven el ejercicio de sus obligaciones tributarias sometidas a reglas específicamente dispuestas para ellos.

---

[106] DONGOROZ, Joaquín: "Los sujetos pasivos especiales y su relevancia en la reforma de la Ley de Islr", *El impuesto sobre la renta. Aspectos de una necesaria reforma. Memorias de las XVI Jornadas venezolanas de Derecho Tributario.* Asociación Venezolana de Derecho Tributario, Caracas, 2017, p. 200. [Página web en línea] Disponible: http://avdt.msinfo.info/bases/biblio/texto/LIBRO%20XVI%20JORNADAS.pdf [Consulta: 2020, mayo 18].

[107] Entre los que se encuentran las siguientes normas: Ley de Reforma Parcial del Decreto con Rango, Valor y Fuerza de Ley de Impuesto a las Grandes Transacciones Financieras, publicado en Gaceta Oficial de la República Bolivariana de Venezuela, N° 6.697 extraordinario del 25 de febrero de 2022. Ley Constitucional que crea el impuesto a los grandes patrimonios, publicada en Gaceta Oficial de la República Bolivariana de Venezuela, N° 41.667 del 03 de julio de 2019. Reimpresa por error material, Gaceta Oficial de la República Bolivariana de Venezuela, N° 41.696 del 16 de agosto de 2019. Reglamento sobre el cumplimiento de deberes formales y pago de tributo para determinados sujetos pasivos con similares características, publicado en Gaceta Oficial de la República de Venezuela, N° 35.816 del 13 de octubre de 1995. Providencia Administrativa N° SNAT/2005/0056, publicada en Gaceta Oficial de la República Bolivariana de Venezuela, N° 38.136 del 28 de febrero de 2005, en la que se designan Agentes de retención del Impuesto al Valor Agregado a los sujetos pasivos calificados como especiales. Así como, las Providencias Administrativas que establecen el Calendario de sujetos pasivos especiales y Agentes de Retención para aquellas obligaciones que deban cumplirse en cada año.

Capítulo II
La Imposición Sobre La Renta

El concepto de renta en Venezuela como se indicó *supra* se encuentra soportado en la teoría del incremento neto patrimonial, permitiendo así que, se tome como manifestación de capacidad económica de los sujetos obligados a gravamen, tanto sus ingresos recurrentes como los accidentales.

En tal sentido, se observa que, se configura un impuesto complejo, que tiene como propósito determinar el porcentaje de incremento neto del patrimonio, estableciendo tanto la Ley especial que crea el impuesto sobre la renta, como la doctrina especializada una serie de conceptos y aspectos técnico-operativos que permiten particularizar los mecanismos a tomar en cuenta para la determinación del tributo.

Criterios de sujeción del impuesto sobre la renta

Los Estados en uso de su soberanía y potestad tributaria establecen la forma, diseño y ámbito de aplicación de las normas que tienen como propósito imponer sus tributos.

En uso de mencionada potestad Venezuela se ha ocupado de gravar las distintas manifestaciones económicas que se suscitan dentro de su territorio aplicando distintos principios y criterios de sujeción, los cuales permiten determinar el límite y alcance de su poder tributario, observándose dos (2) principios; el de territorialidad y el de extraterritorialidad.

ASPECTOS GENERALES Y DEBERES FORMALES DE LA IMPOSICIÓN A LA RENTA EN VENEZUELA

El principio de territorialidad

El principio de territorialidad, es un principio de sujeción adoptado por los Estados para gravar la totalidad de manifestaciones económicas realizadas dentro de su jurisdicción, siendo para ello, indiferente, los aspectos tales como; la nacionalidad, domicilio o residencia, por cuanto este principio emplea como criterio de sujeción la fuente donde se produce la riqueza o se realiza la actividad productiva[108], entendiéndose que la misma se origina dentro en el territorio del Estado, el cual no se limita solo al espacio terrestre, sino que abarca el marítimo y el aéreo[109].

El principio de la territorialidad se encuentra establecido en el artículo 11 del Código Orgánico Tributario que señala que *"Las normas tributarias tienen vigencia en el ámbito espacial sometido a la potestad del órgano competente para crearlas"*.

En el caso del impuesto sobre la renta, por ser un tributo de competencia nacional se aprecia que, se aplica a la totalidad de enriquecimientos o incrementos patrimoniales neto que se produzcan dentro del territorio nacional y así lo dispone la Ley de Impuesto sobre la Renta en su artículo 1, que establece que tanto las personas naturales como jurídicas no residenciadas o domiciliadas en el territorio nacional, con o sin establecimiento permanente *"estarán sujetas al Impuesto establecido en"* esta Ley *"siempre que la fuente o la causa de sus enriquecimientos esté u ocurra dentro del país"*, con lo cual se materializa el criterio de la fuente.

El principio de extraterritorialidad

---

[108] VILLEGAS Héctor. *Curso de finanzas, derecho financiero y tributario*. 5ª ed. Buenos Aires: Depalma, 1992, p. 486.
[109] VALDES COSTA, Ramón. *Curso de Derecho Tributario*, 2ª ed., Temis, Bogotá, 1996, p. 248.

El Estado venezolano además del principio de territorialidad emplea como principio de sujeción la extraterritorialidad, con lo cual se identifica que, en determinados supuestos el ámbito de aplicación de sus leyes tributarias se verá aplicado incluso en manifestaciones de capacidad económicas suscitadas fuera del territorio nacional, lo cual se señala en el artículo 11 del Código Orgánico Tributario que dispone *"las leyes tributarias podrán gravar hechos ocurridos total o parcialmente fuera del territorio nacional, cuando el contribuyente tenga nacionalidad venezolana, esté residenciado o domiciliado en Venezuela, o posea establecimiento permanente o base fija en el país"*, estableciendo el legislador distintos criterios de sujeción para determinar el ámbito de aplicación de sus leyes tributarias.

Ahora bien, la Ley de Impuesto sobre la Renta, recoge en su artículo 1 el principio de extraterritorialidad al disponer que *"toda persona natural o jurídica, residente o domiciliada en la República Bolivariana de Venezuela, pagará impuestos sobre sus rentas de cualquier origen, sea que la causa o la fuente de ingresos esté situada dentro del país o fuera de él"*, aplicando como criterios de sujeción para aplicar el principio de extraterritorialidad la residencia y el domicilio.

Asimismo, el referido precepto señala tanto para las personas naturales como jurídicas, residenciadas o domiciliadas en el extranjero con establecimiento permanente o una base fija en el territorio venezolano que *"tributarán exclusivamente por los ingresos de fuente nacional o extranjera atribuibles a dicho establecimiento permanente o base fija"*.

Con lo cual, se aprecia que, el legislador venezolano grava la renta mundial de los sujetos obligados al impuesto sobre la renta, cuando estos son residentes, domiciliados o cuentan con un establecimiento permanente o base fija en el país, por los ingresos atribuibles a estos últimos, y la renta nacional únicamente en el caso que los sujetos obligados no sean residentes, no se encuentren domiciliados o no cuenten con un establecimiento permanente o base fija dentro del territorio nacional.

Los sujetos pasivos en la Ley de Impuesto sobre la Renta

Como se indicó *supra* la ley especial que crea el tributo presenta una clasificación propia de los sujetos sometidos a gravamen, en el caso del impuesto sobre la renta su Ley establece en su Título I, Capítulo II denominado *"De los Contribuyentes y de las Personas Sometidas a este Decreto Ley"* la clasificación de los sujetos sometidos al gravamen del impuesto sobre la renta y sugiere una división de los mismos en dos (2) grupos los *"contribuyentes"* y las *"personas sometidas a la ley"*.

No obstante, el legislador no realiza una clasificación expresa de los contribuyentes, sino que, presenta todas las personas sometidas al impuesto sobre la renta y posteriormente presenta los supuestos de los cuales se desprenden propiamente los contribuyentes.

En tal sentido, se pasa a apreciar las observaciones que hace el legislador en cada supuesto, de acuerdo a los grupos indicados.

1.- Contribuyentes

Como se comentó *supra* los contribuyentes son los sujetos pasivos sobre los cuales se verifica el hecho que da nacimiento a la obligación tributaria, en el caso de la Ley de Impuesto sobre la Renta su artículo 7 presenta una clasificación de las personas que se encuentran sometidos al impuesto sobre la renta.

Sin embargo, no todas se encuentran obligadas a soportar las obligaciones que nacen de la verificación del hecho imponible, específicamente la de pagar el impuesto, por lo que, se presentara una clasificación de los contribuyentes propiamente dichos, a saber:

A.- *"Las personas naturales"*,

B.- Las personas jurídicas, y

C.- *"Los establecimientos permanentes, centros o bases fijas situados en el territorio nacional"*.

Esta clasificación de sujetos pasivos permite apreciar que, en principio todo sujeto que obtenga un enriquecimiento neto se encuentra sometido al gravamen del impuesto sobre la renta, indicando el legislador un trato diferenciador al momento de determinar la tarifa sobre la cual se verán gravados los ingresos en atención al tipo de persona (persona natural o jurídica), tipo de renta y si es o no residente de la República Bolivariana de Venezuela.

A.- Personas naturales

Las personas naturales, son sujetos pasivos del impuesto sobre la renta que, verán sus enriquecimientos netos sometidos por disposición del artículo 8 de la Ley de Impuesto sobre la Renta a la tarifa N° 1 establecida en el artículo 50 *eiusdem*.

No obstante, si los enriquecimientos netos, provienen de regalías y demás cuotas de participación en actividades mineras por disposición del artículo 12 de la Ley *in comento* verán dichos enriquecimientos gravados en base a la tarifa N° 3 literal a.

Asimismo, en el caso de las personas naturales que, se encuentren residenciadas en el país verán sometido a gravamen la totalidad de los enriquecimientos netos globales, vale decir, su renta mundial y en el caso de las personas naturales no residenciadas en Venezuela, solo verán gravado los enriquecimientos netos obtenidos en el territorio nacional, todo ello conforme al artículo 1 de la Ley de Impuesto sobre la Renta.

Por disposición del parágrafo tercero del artículo 7 de la Ley *in comento* la base fija de las personas naturales no residenciadas en el territorio nacional tendrá el tratamiento de establecimiento permanente, siempre que *"preste servicios personales independientes"*.

La base fija, es definida en el referido parágrafo como *"cualquier lugar en el que se presten servicios personales independientes de carácter científico, literario, artístico, educativo o pedagógico, entre otros, y las profesiones independientes"*, el trato del establecimiento permanente será comentado *infra*.

B.- Personas jurídicas

Las personas jurídicas que, se encuentran sometidas a la totalidad de las obligaciones tributarias que nacen de la verificación del hecho imponible establecido en la Ley de Impuesto sobre la Renta de acuerdo al contenido del artículo 7, 9, 11 y 12 de la ley son las compañías anónimas, las sociedades de responsabilidad limitada, las asociaciones, fundaciones y corporaciones.

La referida distinción, obedece a que el resto de entidades y sociedades económicas, como veremos *infra* ven la obligación de pagar el impuesto sobre la renta en cabeza de las personas naturales que las integran o simplemente no son consideradas personas jurídicas por no cumplir con la totalidad de requisitos establecidos en el marco regulatorio venezolano para adquirir la personalidad jurídica.

Los enriquecimientos netos, obtenidos por las personas jurídicas, son diferenciados de acuerdo al tipo de enriquecimiento neto y a estas se encuentran o no domiciliadas en Venezuela o si poseen dentro del territorio nacional un establecimiento permanente, centro o base fija.

De acuerdo a las actividades económicas que realicen las personas jurídicas, se aprecia que, aquellas que no realicen actividades económicas relacionadas con la explotación, refinación, transporte, adquisición o compra de derivados o actividades conexas con hidrocarburos o actividades relacionadas con regalías o cuotas de participación por actividades de minerías o conexas, verán la totalidad de sus enriquecimientos netos gravados en base a la tarifa N° 2 señalada en el artículo 52 de la Ley de Impuesto sobre la Renta.

Por su parte, si los enriquecimientos netos de las personas jurídicas provienen de actividades económicas relacionadas con la explotación, refinación, transporte, adquisición o compra de derivados o actividades conexas con hidrocarburos se le aplicara a la totalidad de los enriquecimientos netos la tarifa N° 3 literal b del artículo 53 de la Ley de Impuesto sobre la Renta, aun cuando parte de los enriquecimientos no provengan de las actividades económicas *supra* señaladas.

En el caso de los enriquecimientos netos de las personas jurídicas, provenientes de regalías o cuotas de participación por actividades de minerías o conexas verán mencionados enriquecimientos netos gravados con la tarifa N° 3 del artículo 53 *eiusdem*.

Ahora bien, las personas jurídicas domiciliadas en Venezuela verán la totalidad de los enriquecimientos netos globales obtenidos, gravados por el impuesto sobre la renta por disposición del artículo 1 de la Ley de Impuesto sobre la Renta, a diferencia de las personas jurídicas no domiciliadas en el territorio nacional que verán solo gravada la renta obtenida dentro del territorio nacional, el trato conferido al establecimiento permanente será analizado *infra*.

C.- Los establecimientos permanentes, centros o bases fijas situados en el territorio nacional

El establecimiento permanente, es definido en el parágrafo tercero del artículo 7 de la Ley de Impuesto sobre la Renta como:

Cualquier local o lugar fijo de negocios, o cualquier centro de actividad en donde se desarrolle, total o parcialmente, su actividad o cuando posea en la República Bolivariana de Venezuela una sede de dirección, sucursal, oficinas, fábricas, talleres, instalaciones, almacenes, tiendas u otros establecimientos; obras de construcción, instalación o montaje, cuando su duración sea superior a seis meses, agencias o representaciones autorizadas para contratar en nombre o por cuenta del sujeto pasivo , o cuando realicen en el país actividades referentes a minas o hidrocarburos, explotaciones agrarias, agrícolas, forestales, pecuarias o cualquier otro lugar de extracción de recursos naturales o realice actividades profesionales, artísticas o posea otros lugares de trabajo donde realice toda o parte de su actividad, bien sea por sí o por medio de sus empleados, apoderados, representantes o de otro personal contratado para ese fin.

El establecimiento permanente, es un concepto de derecho tributario internacional que recoge la Ley de Impuesto sobre la Renta con el propósito de armonizar nuestra legislación con las legislaciones foráneas.

En tal sentido, la ley *in comento* señala en su artículo 1 que los enriquecimientos netos atribuibles a los establecimientos permanentes, centros o bases fijas situados en el territorio nacional de las personas naturales o jurídicas serán sometidos a gravamen sin importar su fuente, vale decir, si son de fuente nacional o extranjera, debiendo tributar por la totalidad de los enriquecimientos netos globales.

2.- *Personas sometidas a la ley*

La división de las personas sometidas a la ley se aprecia como una suerte de responsables directos por la obtención de enriquecimiento netos de determinados contribuyentes, sin ostentar el calificativo de responsables propiamente dicho, visto que, la ley expresamente determina su deber de cumplir con las obligaciones de determinados contribuyentes.

A.- Herencia yacente

La herencia yacente de acuerdo al artículo 1.060 del Código civil[110] es aquella en la cual los bienes de la sucesión se encuentran bajo administración de un curador, por desconocerse los herederos o por el hecho que, conociéndolos, los herederos testamentarios o ab-*intestato* decidieren repudiar la herencia.

Este tipo de herencias por disposición expresa del parágrafo primero del artículo 7 de la Ley de Impuesto sobre la Renta son contribuyentes *"asimilados"* por el legislador a las personas naturales, debiéndoseles aplicar las mismas tarifas de las personas naturales, comentadas *supra*.

B.- Las sociedades en nombre colectivo, en comandita simple, en comandita por acciones, las comunidades y cualquier otro tipo de sociedad de personas, incluidas las irregulares o, de hecho.

Las sociedades en nombre colectivo, en comandita simple, en comandita por acciones, las comunidades y demás sociedades con y sin personalidad jurídica y las comunidades por disposición del

---

[110] Publicado en Gaceta Oficial de la República de Venezuela, N° 2.990 extraordinario del 26 de junio de 1982.

artículo 10 de la Ley de Impuesto sobre la Renta no se encuentran obligadas a pagar el impuesto sobre la renta, sino que *"el gravamen se cobrará en cabeza de los socios o comuneros"*, los cuales deberán en sus declaraciones individuales incorporar la porción de enriquecimiento neto obtenido de la entidad.

No obstante, el referido precepto señala que, mencionadas sociedades con o sin personalidad jurídica, así como las comunidades se encuentran sometidas al régimen de esta ley para la determinación de sus enriquecimientos, así como *"las obligaciones de control y fiscalización que ella establece y responderán solidariamente del pago del impuesto que, con motivo de las participaciones, corresponda pagar a sus socios o comuneros"*, debiendo designar un representante ante la Administración tributaria nacional para efectos fiscales, el cual tendrá determinados deberes formales ante el órgano recaudador los cuales serán presentados en el Capítulo III.

Ahora bien, por disposición del parágrafo primero del artículo 7 de la Ley de Impuesto sobre la Renta las sociedades en *"en comandita por acciones y las civiles e irregulares o de hecho"* son consideradas contribuyentes asimilados a las compañías anónimas.

En tal sentido, los enriquecimientos netos tanto de mencionadas sociedades como de los comuneros reciben el trato establecido para las personas jurídicas comentado *supra*.

C.- Consorcios

Los Consorcios, son definidos en el artículo 10 de la Ley de Impuesto sobre la Renta como *"las agrupaciones empresariales, constituidas por personas jurídicas que tengan por objeto realizar una actividad económica específica en forma mancomunada"*, vale decir, son alianzas empresariales, contractuales, constituidas con el fin de desarrollar una actividad económica específica, sin que esto suponga el nacimiento de una sociedad mercantil, la fusión o disolución de las existentes, debido a que, el contrato de consorcio carece de personalidad jurídica, no genera un nuevo sujeto de derecho y no cuenta con patrimonio propio[111].

Este tipo de agrupaciones empresariales, para efectos del pago del impuesto sobre la renta reciben el mismo trato de las sociedades y comunidades, vale decir, cada sociedad que constituye el consorcio deberá incluir en su declaración la porción de enriquecimientos netos obtenidos con ocasión a la actividad económica desarrollada por el consorcio.

Las empresas que integran el consorcio se encuentran sujetas al cumplimiento del régimen establecido en la ley para la determinación de sus enriquecimientos, así como *"las obligaciones de control y fiscalización que ella establece"* debiendo designar un representante ante la Administración tributaria nacional para efectos fiscales, con lo cual se facilita la transparencia de sus actividades para su efectivo control.

Asimismo, con ocasión a su responsabilidad en el cumplimiento de las obligaciones tributarias, el legislador señala que *"responderán solidariamente del pago del impuesto"*, sin embargo, esta responsabilidad será subsidiaria, debiendo la Administración tributaria nacional acudir "en primera instancia" a la empresa "y en segundo lugar al consorcio"[112].

D.- Contratos de cuenta de participación

---

[111] SOL GIL, Jesús y CABALLERO, Rosa. "Régimen fiscal de los conjuntos económicos en el ordenamiento jurídico venezolano", *Revista de Derecho* Tributario, N° 161, Asociación Venezolana de Derecho Tributario, Caracas-Venezuela, 2019, p. 79.

[112] CARMONA BORJAS, Juan. "Régimen Impositivo de los Grupos de Sociedades en el Ordenamiento Jurídico Venezolano" en: *Derecho de Grupos de Sociedades*. Centro de Investigaciones Jurídicas de la Academia de Ciencias Políticas y Sociales. Anauco Ediciones C.A., Caracas-Venezuela, 2005, p. 303.

El contrato de cuenta de participación, no se ubica en la categoría de contribuyente propiamente dicho del impuesto sobre la renta, ni recibe dentro del marco regulatorio venezolano la categoría de persona, sino que es un tipo de contrato o asociación definida en el artículo 359 del Código de Comercio[113] como aquel en que un *"comerciante o una compañía mercantil da a una o más personas participación en las utilidades o pérdidas de una o más operaciones o de todas las de su comercio. Puede también tener lugar en operaciones comerciales hechas por no comerciantes"*.

Este tipo de contrato, como se aprecia del Código, se da entre dos o más personas, naturales o jurídicas, en el cual el asociante, confiere participación al asociado o tercero, en su actividad económica, con lo cual ambos deciden desarrollar o invertir en conjunto en la actividad económica desempeñada por el asociante y consiguientemente, comparten las utilidades o pérdidas que arrojare la misma"[114].

Este contrato, se caracteriza por ser bilateral, oneroso, consensual, aleatorio, de colaboración entre las partes, con forma escrita necesaria de carácter probatorio, a tal efecto, no disponen de patrimonio propio separado del de sus asociados, por no reunir los requisitos para adquirir la personalidad jurídica establecidos en el marco regulatorio venezolano.

El referido Código, en su artículo 201 le confiere dentro de la clasificación de las compañías de comercio el carácter de sociedad accidental sin personalidad jurídica.

En ese sentido, el artículo 7 parágrafo segundo de la Ley de Impuesto sobre la Renta señala que, en los casos de los contratos de cuentas de participación, tanto el asociado como el asociante

---

[113] Publicado en Gaceta Oficial de la República de Venezuela, N° 475 del 21 de diciembre de 1955.
[114] RUAN SANTOS, Gabriel. "Aspectos Tributarios de las cuentas en participación", *Boletín de la Academia de Ciencias Políticas y* Sociales, N° 154, Academia de Ciencias Políticas y Sociales, Caracas – Venezuela, 2015, p. 395.

"deberán computar dentro de sus respectivos ejercicios anuales la parte que les corresponda en los resultados periódicos de las operaciones de la cuenta", aplicando para el caso del comerciante las disposiciones de las personas naturales y en el caso de las compañías mercantiles lo dispuesto para las personas jurídicas, aplicando el trato diferenciador comentado *supra* respecto al tipo de renta que se refiera y la actividad económica a la que se dedique.

Disponibilidad del ingreso sometido a gravamen

El impuesto sobre la renta como se mencionó en líneas anteriores, es un tributo complejo, que tiene como propósito gravar el incremento patrimonial que obtiene el sujeto pasivo dentro de un período fiscal.

Todo ello supone, siguiendo las características propias del impuesto, determinar el momento en el cual los ingresos que originan el mencionado incremento patrimonial son considerados gravables por el legislador, vale decir, a partir de cuando estos se encuentran para este disponibles o en la esfera de dominio del sujeto pasivo para ser sometidos al tributo.

La disponibilidad del ingreso sometido a gravamen es defina como el "momento escogido por el Legislador para considerar fiscalmente gravable los resultados económicos obtenidos por un contribuyente" [115], siendo que, la propia ley determina los parámetros necesarios para precisar cuándo un ingreso debe ser incluido por el sujeto pasivo dentro del ejercicio fiscal y cuando no.

Ahora bien, con ocasión a esto se observa la ocurrencia de dos (2) circunstancias que se vinculan directamente con la determinación del tributo, por un lado, nace para el sujeto pasivo la obligación de

---

[115] CASTILLO CARVAJAL, Juan. "Disponibilidad de la Renta", en el *Manual venezolano de derecho tributario*, Tomo II, Asociación Venezolana de Derecho Tributario, Caracas-Venezuela, 2011, p. 61.

incluir dentro del ejercicio fiscal el ingreso y por el otro lado, surge para este en los casos permitidos por la Ley, la oportunidad de imputar o deducir los gastos asociados a la producción del referido ingreso[116].

Es importante destacar que, pese a asociarse el término disponibilidad con el hecho cierto de usar, gozar o disponer de una cosa, con ocasión del impuesto sobre la renta, los ingresos pueden no siempre encontrarse efectivamente a disposición del contribuyente para ser utilizados, por cuánto no se atiende a un fenómeno económico o contable para determinar cuándo efectivamente el contribuyente ha obtenido el referido ingreso, sino que se atiende a los parámetros diseñados por el legislador, en la norma para realizar la referida determinación.

El legislador al diseñar los aspectos jurídicos que, rodean la disponibilidad del ingreso sometido a gravamen, persigue un fin impositivo, razón por la cual, en ocasiones estos ingresos pueden ser considerados por la norma como disponibles sin que económicamente se encuentren a disposición del sujeto pasivo para ser utilizados en sus operaciones comerciales.

Momentos de disponibilidad del ingreso

La disponibilidad del ingreso en el impuesto sobre la renta, se encuentra establecida en el artículo 5 de la Ley del Impuesto sobre la Renta, el cual señala tres (3) supuestos en los cuales un ingreso se considera disponible para ser sometido a gravamen; estos son:

1.- Al realizarse las operaciones que lo originan,

2.- Al ser devengados, y

3.- Al ser pagados.

---

[116] Ídem., p. 62.

Asimismo, dentro del contenido de la referida ley se aprecia en el artículo 186 un cuarto momento asociado con la disponibilidad del ingreso, referido al ingreso producto de una ganancia en el diferencial de cambio, pasemos a examinar cada uno de ellos:

1.- Al realizarse las operaciones que lo originan

El encabezado del artículo 5 de la Ley de impuesto sobre la renta señala que *"[l]os ingresos se considerarán disponibles desde que se realicen las operaciones que los producen".*

Este primer supuesto también conocido como al momento de ser causados, vincula la disponibilidad del ingreso con el derecho del contribuyente de exigir el pago de una obligación prestada, para que esta deba ser incluida en la determinación del tributo, independientemente de si efectivamente, se hubiere comprobado el ingreso del importe adeudado por la operación realizada, por cuanto, para el legislador la gravabilidad se encuentra sujeta a que se realice por parte del contribuyente la operación y no que este goce real y efectivamente del ingreso o el pago recibido[117].

No obstante, el artículo 5 de la referida ley señala como excepción para este supuesto que *"salvo en las cesiones de crédito y operaciones de descuento, cuyo producto sea recuperable en varias anualidades"* los ingresos se consideran disponibles para el cesionario de acuerdo con el beneficio que proporcionalmente corresponda en cada anualidad.

Incluyéndose en esta categoría todos aquellos ingresos que, no se consideren disponibles para el momento de ser devengados o pagados.

Como se indicó en líneas anteriores, la disponibilidad del ingreso

---

[117] Ídem., pp. 64 y 65.

además de determinar las rentas que serán incluidas por el sujeto pasivo en el ejercicio fiscal, establece las condiciones para realizar las deducciones o imputar del ingreso los gastos y demás egresos asociados a su producción.

En ese sentido, el artículo 32 de la Ley del Impuesto sobre la Renta señala que, para los casos de los ingresos que se consideren disponibles para el momento en que se realizan las operaciones *"las deducciones autorizadas (...) deberán corresponder a egresos causados durante el año gravable"*, exceptuando aquellos correspondientes a los señalados en los numerales 3° referente a los tributos asociados a la renta, 11° los gastos de conservación y administración de inmuebles dados en arrendamiento, 20° los gastos de investigación y desarrollo, parágrafo duodécimo referente a las liberalidades siempre que el beneficiario se encuentre domiciliado en el país y el parágrafo decimotercero relacionado con los porcentajes de las deducciones por liberalidades y donaciones del artículo 27 *eiusdem*.

2.- Al ser devengados

El segundo supuesto referente a la disponibilidad de los ingresos para la gravabilidad del impuesto sobre la renta se refiere esencialmente al momento "en el que la renta se hace jurídicamente exigible"[118], vale decir, desde el momento en el que nace para el sujeto obligado el derecho de crédito sobre una obligación cuyo plazo de pago se encuentra vencido, aunque se hubiere o no cobrado la acreencia.

Este momento se encuentra señalado en el segundo apartado del artículo 5 de la Ley del Impuesto sobre la Renta, el cual presenta una

---

[118] JRAIGE, Jorge. "Distorsiones en la interpretación del concepto de disponibilidad de la renta: El abono en cuenta y las ganancias cambiarias", en *70 años del Impuesto sobre la Renta*, Asociación Venezolana de Derecho Tributario, Caracas-Venezuela, 2013, p. 222.

clasificación para estos ingresos a saber; *"se considerarán disponibles sobre la base de los ingresos devengados en el ejercicio gravable"*:

a) *"Los ingresos provenientes de créditos concedidos por bancos, empresas de seguros u otras instituciones de crédito y por los contribuyentes indicados en los literales b, c, d y e del artículo 7"* de la presente ley, vale decir, las sociedades mercantiles y civiles con y sin personalidad jurídica y los contribuyentes cuyos enriquecimientos provengan de actividades relacionadas con hidrocarburos y conexas, y

b) *"Los derivados de arrendamientos o subarrendamiento de bienes muebles e inmuebles"*.

Respecto a las deducciones, el artículo 76 del Reglamento de la Ley de Impuesto sobre la Renta señala que, las deducciones autorizadas en el artículo 27 de la Ley especial que crea el tributo, sin perjuicio de lo señalado en sus numerales 3°, 11° y 20°, así como el parágrafo duodécimo, deberán corresponder *"a egresos causados durante el año gravable, cuando se trate de enriquecimientos disponibles para la oportunidad en que (...) el ingreso se devengue"*.

3.- Al ser pagados

El tercer supuesto, diseñado por el legislador para considerar un ingreso disponible se refiere al momento en el cual efectivamente el mismo es pagado, pese a ser el único momento en el cual el sujeto pasivo goza del importe obtenido por sus operaciones comerciales y se produce un incremento real de su patrimonio, se observa que, debido a las reiteradas reformas de la Ley de Impuesto sobre la Renta, en la actualidad la clasificación de los ingresos considerados disponibles al momento de ser pagados, solo comprende dos (2) categorías[119], las cuales se señalan en el tercer apartado del artículo 5 *eiusdem*, a saber:

a) En los casos que los enriquecimientos *"provienen del trabajo bajo relación de dependencia"* y,

b) En los casos que los enriquecimientos provienen de *"las ganancias fortuitas"*.

Con relación a las deducciones el segundo párrafo del artículo 32 de la Ley de Impuesto sobre la Renta establece que *"las respectivas deducciones deberán corresponder a egresos efectivamente pagados en el año gravable, sin perjuicio que se rebajen las partidas previstas y aplicables autorizadas en los numerales"* 5° referente a la cuota anual de depreciación de los activos permanentes y la cuota anual de amortización de los intangibles y numeral 6° concerniente a las pérdidas sufridas en los bienes destinados a la producción de la renta por caso fortuito y fuerza mayor del artículo 27 *eiusdem*.

No obstante, se aprecia que, la referida excepción en la actualidad no atiende a los ingresos que son considerados propiamente disponibles al ser pagados, por cuánto los enriquecimientos obtenidos bajo relación de dependencia o por ganancias fortuitas no son objeto de este tipo de deducciones.

4.- Ingreso producto de una ganancia en el diferencial de cambio

Como indicamos *supra* el artículo 186 de la Ley de Impuesto sobre la Renta establece en los casos en los que se produzca una ganancia por ajustar los activos o pasivos denominados en moneda extranjera o

---

[119] El Decreto con Rango, Valor y Fuerza de Ley de Impuesto sobre la renta del año 2014 en su artículo 5 establecía una categoría que comprendía seis (6) tipos de ingresos que para el legislador se consideraban disponibles para el momento del pago, a saber: "la cesión del uso o goce de bienes, muebles o inmuebles; las regalías y demás participaciones análogas; los dividendos; la prestación de servicios bajo relación de dependencia; la prestación de servicios profesionales no mercantiles; la enajenación de bienes inmuebles; y las ganancias fortuitas.

basados en cláusulas de reajustabilidad basadas en variaciones cambiarias siempre y cuando se realice dentro del ejercicio gravable, el diferencial obtenido en la moneda local se considera disponible, en los casos que sea *"exigible, cobrado o pagado lo que suceda primero"*.

Este cuarto momento de disponibilidad del ingreso supone que "en el caso de una devaluación de la moneda local, como en caso de una fluctuación negativa (apreciación de la moneda extranjera frente a la moneda local), los activos en moneda extranjera generan una ganancia en cambio" debido a que "el titular del activo o del derecho de crédito recibirá más unidades de moneda local al momento de realizar o disponer del activo, o cuando el deudor extinga la obligación"[120], recibiendo esta ganancia el trato de un ingreso financiero fiscalmente disponible para el ejercicio gravable, siempre que el sujeto tenga el derecho de crédito para exigir el pago de su acreencia (sea cobrado, exigible o devengado) o cuando reciba el importe del cambio (sea pagado).

Ahora bien, ya que el legislador le otorga un trato especial a este tipo de ingreso financiero, por cuanto, el mismo será considerado disponible cuando se produzca alguna de las circunstancias señaladas en el artículo 186 de la ley de impuesto sobre la renta, vale decir, *"sea exigible, cobrado o pagado lo que suceda primero"* se advierte como un momento distinto de los anteriores, pese a poder dependiendo de lo que ocurra primero recibir el trato expresado *supra*.

No obstante, el legislador en el referido artículo 186 igualmente señala que mencionado ajuste de los activos o pasivos puede generar pérdidas para el sujeto obligado, caso en el cual, deberá ser incluida dentro del ejercicio fiscal en el que las mismas sean exigibles, cobradas o pagadas, lo que suceda primero.

---

[120] CASTILLO CARVAJAL, Juan. "Disponibilidad…, cit., p. 67.

Determinación del Impuesto sobre la renta

La determinación del impuesto como se indicó anteriormente se refiere a un acto o conjunto de actos, que permite constatar la aplicación de los supuestos contemplados en la norma tributaria, con la finalidad que el sujeto obligado conozca el importe adeudado a la Administración tributaria nacional por concepto de tributo.

El impuesto sobre la renta, por tratarse de un impuesto complejo cuya materialización grava el incremento patrimonial anual obtenido por el contribuyente, trae como consecuencia la necesidad de calcular cuándo se está en presencia real de un incremento patrimonial, vale decir, cuando el enriquecimiento obtenido por el sujeto obligado dentro del período fiscal debe ser sometido a gravamen.

El legislador en la configuración del impuesto sobre la renta estableció una fórmula en el encabezado del artículo 4 de su Ley que permite determinar esta situación, la cual nos dice que *"son enriquecimientos netos los incrementos de patrimonio que resulten después de restar de los ingresos brutos, los costos y deducciones permitidos"* en esta ley.

Seguidamente por adoptar el Estado venezolano el principio de renta mundial y gravarse tanto los ingresos de fuente territorial como los de fuente extraterritorial la mencionada norma estableció un trato diferenciador para el cálculo de ambos enriquecimientos, indicando que el enriquecimiento neto de fuente territorial será igual a:

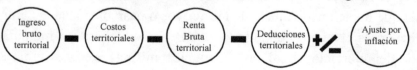

Y por su parte, el enriquecimiento neto de fuente extraterritorial será igual a:

Apreciándose como principal diferencia la no aplicación del ajuste por inflación para los enriquecimientos obtenidos de fuente extraterritorial.

Finalmente, el referido artículo 4 dispone que, la determinación de la base imponible del impuesto será *"el resultado de sumar el enriquecimiento neto de fuente territorial al enriquecimiento neto de fuente extraterritorial"*, prohibiendo de manera expresa la ley la imputación de pérdidas de fuente extraterritorial en los enriquecimientos o perdida de fuente territorial.

Para mitigar el impuesto aplicable a las personas naturales, el legislador ha dejado de gravar determinados ingresos y ha establecido la posibilidad de imputar determinados gastos por considerar que, los mismos se encuentran destinados a la satisfacción de necesidades básicas o fundamentales.

Las referidas necesidades básicas o fundamentales se encuentran establecidas en los artículos 57 y 58 de la Ley de Impuesto sobre la Renta, y reciben el nombre de desgravámenes aplicable a los enriquecimientos neto de fuente territorial de las personas naturales residenciadas en Venezuela, siendo el caso que para el cálculo de los enriquecimientos neto de fuente territorial de las personas naturales bajo relación de dependencia el enriquecimiento neto será igual a:

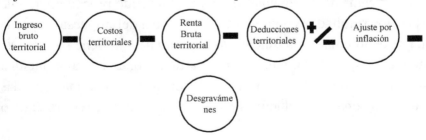

ASPECTOS GENERALES Y DEBERES FORMALES DE LA IMPOSICIÓN A LA
RENTA EN VENEZUELA

Existiendo la posibilidad que una persona natural residenciada cuente con diferentes ingresos tanto los obtenidos por la enajenación de bienes o la prestación de servicio como por encontrarse bajo relación de dependencia caso en el cual, aplicará la fórmula de cálculo contemplada para conocer su enriquecimiento neto únicamente para los ingresos por enajenación de bienes o la prestación de servicios, siendo que, los ingresos por relación de dependencia reciben el trato de enriquecimiento neto y posterior a tener ambos enriquecimientos el contribuyente aplicará los desgravámenes de los que goce.

Todo ello, permite apreciar la complejidad de este tributo y el deber del contribuyente de poder diferenciar sus ingresos y egresos, soportando cada uno de ellos de manera individual, con la finalidad de emplear esta información al momento de la determinación del impuesto.

La información contable, que permite determinar los ingresos y egresos obtenidos por un contribuyente en un periodo fiscal, por lo general se encuentran reflejados en sus estados financieros, los cuales son elaborados siguiendo los Principios de contabilidad generalmente aceptados.

No obstante, mencionada información no siempre coincide con el trato otorgado por el legislador dentro de la Ley de Impuesto sobre la Renta a los referidos conceptos, debiendo el contribuyente realizar los ajustes y modificaciones necesarias al momento de la determinación del tributo.

El mecanismo por el cual se realiza el referido procedimiento de adaptar los resultados contables a la normativa del impuesto sobre la renta se denomina *"conciliación fiscal"*, la cual contiene partidas de conciliación que, serán tantas como partidas contables no coincidan con el trato contemplado por el legislador, por lo que, unas partidas se sumaran como no deducibles o gravables, y otras se restarán como deducibles o no gravables a la utilidad o perdida contable determinada por el contribuyente.

Ingresos brutos

Los ingresos brutos, se encuentran regulados dentro de la Ley de Impuesto sobre la Renta en el Título II denominado *"De la determinación del enriquecimiento neto"*, en su Capítulo I que lleva por título *"De los Ingresos Brutos"* desde el artículo 15 hasta el artículo 20 y en el Reglamento de la referida ley en su Título II y Capítulo I con igual denominación desde el artículo 23 hasta el artículo 35 ambos inclusive.

Tanto en la Ley como en su Reglamento, se encuentran definiciones, exclusiones, presunciones y casos especiales que permiten calcular, revisar y cuantificar el monto a declarar por el contribuyente en el primer elemento de la fórmula de cálculo del enriquecimiento neto, conocido como *"Ingreso bruto"* todo ello en atención al tipo de actividad económica que realice el contribuyente para la obtención de los referidos ingresos.

El artículo 15 de la Ley de Impuesto sobre la Renta dispone que: *"A los fines de la determinación de los enriquecimientos exentos del impuesto sobre la renta, se aplicaran las normas"* contempladas en esta Ley determinante a *"los ingresos, costos y deducciones de los enriquecimientos gravables"*, estableciendo un trato igualitario en cuanto a la fórmula para la determinación del tributo, la cual se encuentra tipificada en el artículo 4 de la referida ley.

Asimismo, continua el artículo 15 de la ley advirtiendo que *"[l]os costos y deducciones comunes aplicables a los ingresos cuyas rentas resulten gravables o exentas, se distribuirán en forma proporcional"*, con la finalidad de evitar que solo se empleen para la determinación de los enriquecimientos gravables.

Los ingresos, han sido definidos como el "caudal que entra en poder de alguien, y que le es de cargo en las cuentas"[121], de la definición planteada se observa que, el ingreso se refiere a toda afluencia pecuniaria que entra en propiedad de un sujeto, pero es cargada en su cuenta.

No obstante, no siempre esa afluencia pecuniaria es percibida o cargada en una cuenta, por su parte otra definición de carácter económico indica por ingreso aquel "flujo de salarios, pagos de interés, dividendos y otras cosas de valor que se acumulan durante cierto periodo (generalmente de un año)"[122], esta definición un poco más amplia nos permite identificar que, existen distintos tipos de ingreso, siendo su característica principal que debe contener algún valor económico y ser acumulada por el sujeto que la recibe por cierto tiempo.

El artículo 16 de la Ley de Impuesto sobre la Renta presenta una clasificación de ingresos brutos en atención a los contribuyentes reconocidos en el artículo 7 de la referida ley, estableciendo que, los ingresos brutos globales estarán constituidos por:

> *[E]l monto de las ventas de bienes y servicios en general, de los arrendamientos y de cualesquiera otros proventos, regulares o accidentales, tales como los producidos por el trabajo bajo relación de dependencia o por el libre ejercicio de profesiones no mercantiles y los provenientes de regalías o participaciones análogas, salvo lo que en contrario establezca la Ley.*

Entendiéndose por ingreso bruto global de los contribuyentes sujetos al impuesto sobre la renta, toda entrada de dinero, regular o

---

[121] Real Academia Española. *Diccionario de la lengua española*, Madrid, 2022. [Contenido en línea] Disponible: https://dle.rae.es/ingreso?m=form [Consultado: 2021, enero 11].

[122] SAMUELSON, Paul y NORDHAUS, William. *Economía con aplicación a Latinoamérica*, 19ª ed., McGraw-Hill, México, 2010, p. 236.

accidental que se obtenga por cualquiera de los medios que no sean expresamente contrarios a la ley.

Asimismo, continua el referido precepto indicando con relación a la determinación del monto de los ingresos brutos de fuente extraterritorial que se deberá aplicar "*el tipo de cambio promedio del ejercicio fiscal en el país, conforme a la metodología empleada por el Banco Central de Venezuela*".

De las definiciones planteadas, se observa que, para la determinación de los ingresos brutos globales el contribuyente debe diferenciar los ingresos brutos gravables de los no gravables o exentos y a su vez diferenciar los ingresos brutos de fuente territorial y de fuente extraterritorial, debido a que, para cada ingreso el legislador ha dispuesto una serie de condiciones para su cuantificación, teniendo el contribuyente el deber de soportar cada uno de ellos en los comprobantes respectivos.

Lo anteriormente expuesto puede identificarse en la siguiente imagen:

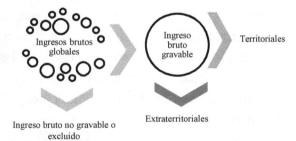

Los ingresos brutos tanto gravables como no gravables son clasificados en la Ley del Impuesto sobre la Renta y en su Reglamento, los ingresos brutos gravables se desprenden del contenido del artículo 16 de la Ley y son aquellos montos en dinero obtenidos por el contribuyente por concepto de:

1.- Venta de bienes, dentro o fuera del territorio nacional,
2.- Prestación de servicios,

ASPECTOS GENERALES Y DEBERES FORMALES DE LA IMPOSICIÓN A LA
RENTA EN VENEZUELA

3.- Arrendamiento de bienes,

4.- Relación de dependencia (sueldos y salarios),

5.- Honorarios recibidos por el libre ejercicio de profesiones no mercantiles (Honorarios profesionales), definido en el artículo 30 del Reglamento de la Ley de impuesto sobre la Renta. Asimismo, la referida norma de desarrollo en su artículo 32 equipara una serie de montos por distintas actividades a este tipo de honorarios.

6.- Regalías y participaciones análogas,

7.- Cantidad percibida por concepto de venta de bienes inmuebles a crédito[123],

8.- Aplicar el precio de mercado a los bienes adquiridos por permuta o dación en pago o prestación de servicios[124],

9.- Deudas recuperadas en el año gravables, siempre que fueren deducidas como perdidas en el año anterior[125],

10.- Participación en enriquecimiento o pérdidas netas provenientes de cuentas en participación, actividades de consorcio, sociedades de personas y comunidades[126],

11.- Primas recibidas por concepto de indemnización y comisiones recibidas por parte de las empresas reaseguradoras y por los cánones de arrendamiento, interés y demás proventos producidos por los bienes en que se hayan invertido el capital y las reservas, todo ello en el caso que se trate de Empresas de seguro, y

12.- La proporción de la obra construida y cuya finalización sea en un período mayor de un año[127].

Asimismo, el legislador en el artículo 20 de la Ley de Impuesto sobre la Renta establece una presunción *iuris tantum*, al señalar que cuando el deudor devuelva al acreedor una cantidad superior a la

---

[123] Parágrafo Tercero del artículo 16 de la Ley de Impuesto sobre la Renta.
[124] Parágrafo Primero del artículo 23 de la Ley de Impuesto sobre la Renta.
[125] Artículo 34 del Reglamento de la Ley de Impuesto sobre la Renta.
[126] Artículo 35 del Reglamento de la Ley de Impuesto sobre la Renta.
[127] Artículo 19 de la Ley de Impuesto sobre la Renta.

recibida, la diferencia entre ambas será considerada como interés de capital, salvo que el contribuyente, vale decir, el acreedor demuestre lo contrario.

En relación a los ingresos brutos no gravables o excluidos se encuentran en los distintos parágrafos del artículo 16 y 17 *eiusdem*, así como en el artículo 24 de su Reglamento, entre ellos se encuentran, los montos en dinero obtenidos por concepto de:

1.- Gastos de representación pagados a Directores, Gerentes, Administradores o demás empleados a quienes se le asignen los referidos gastos

Los gastos de representación deben estar individualmente soportados por el contribuyente en comprobantes o facturas y corresponder a egresos normales y necesarios de la empresa pagadora.

2.- Viáticos obtenidos por la prestación de servicios personales bajo relación de dependencia

Siempre que el gasto este individualmente soportado en comprobantes o facturas y sean normales y necesarios para la empresa pagadora.

3.- Enriquecimientos sujetos a impuestos proporcionales,

4.- Venta del bien inmueble utilizado como vivienda principal, y

5.- Bienes exportados que el propio contribuyente reincorpore al país dentro del semestre siguiente a la fecha en la que se efectuó la exportación.

Siempre que el contribuyente disponga de la documentación aduanera que demuestre la devolución de la referida mercancía.

Costos y renta bruta

Los costos y la renta bruta se encuentran regulados en el Capítulo II denominado *"De los Costos y de la Renta Bruta"* del Título II de la Ley de Impuesto sobre la Renta, desde el artículo 21 hasta el artículo 26, ambos inclusive y en el Reglamento de la referida Ley, en su Capítulo II del Título II con similar denominación, desde el artículo 36 hasta el artículo 51, ambos inclusive.

Los costos, son conocidos como aquellos gastos monetarios necesarios en los que se incurre para cada nivel de producción[128], vale decir, son aquellas erogaciones de dinero imprescindibles que realiza el contribuyente con la finalidad de obtener ingresos o utilidades, teniendo como característica que, de no realizarse los mismos, no se obtendrían los referidos ingresos.

La Ley de Impuesto sobre la Renta no define propiamente los costos, sino que se ocupa en su artículo 21 de presentar la fórmula para cuantificar la Renta bruta a saber; la Renta bruta *"proveniente de la venta de bienes y servidos en general y de cualquier otra actividad económica, se determinara restando de los ingresos brutos computables"* presentados en el Capítulo I de la Ley y analizados *supra "los costos de los productos enajenados y de los servidos prestados en el país"*, *salvo que la naturaleza de las actividades exija la aplicación de otros procedimientos, para cuyos casos esta misma ley establece las normas de determinación"*.

En ese sentido, la renta bruta se entiende como el resultado de restar de los ingresos brutos los costos de los productos enajenados y de los servicios prestados en el país, siempre que, la Ley por la naturaleza de las actividades no establezca otro procedimiento.

Asimismo, continua el referido precepto 21 de la Ley indicando que, *"La renta bruta de fuente extranjera se determinara restando de los ingresos brutos de fuente extranjera, los costos imputables a*

---

[128] SAMUELSON, Paul y NORDHAUS, William. *Economía...*, cit., p. 130.

100

dichos ingresos", con lo cual, se aprecia que, se mantiene lo indicado en el artículo 4 *eiusdem* de imputar a los ingresos de fuente territorial solo aquellos costos realizados en el país y a los ingresos de fuente extraterritorial aquellos costos de fuente extraterritorial, razón que se desprende de la naturaleza de los costos, por cuanto, como se indicó anteriormente son los gastos monetarios necesarios e imprescindibles en los que se incurre para la obtención de los ingresos, sin que puedan imputarse gastos originados con ocasión a la obtención de otros ingresos, siendo que el legislador diferencia los ingresos en atención a su fuente.

El artículo 21 además de señalar la fórmula para obtener la Renta bruta establece dos (2) tipos de costos, a saber;
    1.- Los costos de los productos enajenados, y
    2.- Los costos de los servicios prestados.

La referida distinción obedece a que, en la ciencia contable, existen dos (2) importantes clasificaciones de los costos, las cuales atienden al tipo de actividad económica que realice la empresa, encontrándose empresas que se dedican a la actividad de venta de productos (fabricas o comercializadoras) y otras que se dedican a la prestación de servicios[129].

Cuando un sujeto o empresa se dedica a la actividad de venta de productos, por lo general sus costos se encuentran asociados a la obtención de insumos para la elaboración de bienes terminados o bien para la reventa de los bienes adquiridos, siendo reconocidas como empresas que mueven inventario, por su parte, cuando una empresa se dedica a la prestación de servicios, sus costos se encuentran asociados principalmente al pago de sus trabajadores y poseen un bajo inventario, siendo reconocidas como empresas que no mueven inventario.

---

[129] VANDERBECK, Edward y MITCHELL, Maria. *Principios de contabilidad de costos*, 17ª ed., CENGAGE Learning, México, 2016, p. 3.

Para la determinación de los costos asociados con la actividad económica de enajenación de bienes, el artículo 37 del Reglamento de la Ley de Impuesto sobre la Renta dispone que, su resultado se obtendrá de sumar *"al valor de las existencias al principio del año gravable, el costo de los productos o bienes extraídos, manufacturados o adquiridos durante el mismo período y de esta suma se restará el valor de las existencias al final del ejercicio"*.

Asimismo, el artículo 38 *eiusdem* establece otras reglas para la determinación de los costos de los bienes producidos o adquiridos por el contribuyente, discriminándolos de la siguiente manera:

1.- El de los bienes muebles, será igual *"al precio neto de adquisición más los gastos"* asociados al transporte, seguro, derechos consulares, impuestos de importación, gastos necesarios de agentes y comisionistas y demás erogaciones directamente imputables a los bienes adquiridos,

2.- El de los bienes inmuebles, será igual *"a su precio al incorporarse al patrimonio del contribuyente al respectivo documento, más el monto de las mejoras efectuadas"* si las hubiere, los derechos de registro efectivamente pagados por el contribuyente, excluyendo del cálculo los intereses y demás gastos financieros de otra índole,

3.- El de los bienes producidos, será igual a la *"suma de los costos del material directo utilizado y de la mano de obra directa más los gastos indirectos de producción"*, señalando el reglamentista que los costos del material directo serán determinados aplicando las reglas conforme a los bienes muebles y los bienes recibidos por operaciones de permuta o dación en pago, contemplados en los numerales 1° y 4° del artículo 38 del Reglamento, y

4.- El de los bienes adquiridos por operaciones de permuta o dación en pago, será igual al *"precio de mercado de esos bienes para el momento de la negociación"*.

Por su parte, para la determinación de los costos asociados a la actividad económica de prestación de servicios, el artículo 42 del Reglamento de la Ley de Impuesto sobre la Renta señala que, estarán representados *"por el monto de todos aquellos egresos aplicables al ejercicio que, de manera directa sean necesarios para su prestación"*.

Con respecto a la consideración de los costos territoriales, el artículo 23 de la Ley de Impuesto sobre la Renta dispone, como excepción, que se consideran realizados en el territorio nacional:

1.- *"El costo de adquisición de los bienes destinados a ser revendidos o transformados en el país, así como el costo de los materiales y de otros bienes destinados a la producción de la renta"*,

2.- *"Las comisiones usuales, siempre que no sean cantidades fijas sino porcentajes normales, calculados sobre el precio de la mercancía, que sean cobradas exclusivamente por las gestiones relativas a la adquisición de bienes"*, y

3.- *"Los gastos de transporte y seguro de los bienes invertidos en la producción de la renta"*.

El parágrafo primero del artículo 23 de la Ley de Impuesto sobre la Renta, establece para la determinación de los costos de los bienes, que este será *"el que conste en las facturas emanadas directamente del vendedor, siempre que los precios no sean mayores que los normales en el mercado"*, estableciendo el deber para el contribuyente de soportar los gastos asociados con la adquisición de sus productos de manera individualizada.

Asimismo, continua el parágrafo primero señalando que, para ser *"aceptadas como prueba de costo"* en el caso de los bienes adquiridos dentro del territorio nacional, *"en las facturas deberá aparecer"* como requisito *sine qua non* el Registro de Información Fiscal (RIF) del vendedor, para el caso de las compras realizadas por el

Aspectos Generales y Deberes Formales de la Imposición a la Renta en Venezuela

contribuyente en el exterior, deberá acompañarse como prueba la *"factura correspondiente"*.

No constituirán prueba de costo según lo establece el parágrafo primero *in comento*: *"las notas de débito de empresas filiales, cuando no estén amparadas por los documentos originales del vendedor"*.

No obstante, cuando no pueda particularizarse el costo individual de los bienes, el artículo 41 del Reglamento de la Ley de Impuesto sobre la Renta señala que: *"se les atribuirá el de otros bienes de igual naturaleza, adquiridos o producidos en la misma época"*.

Deducciones y Enriquecimiento Neto

Las deducciones del Impuesto sobre la Renta constituyen, con excepción del ajuste por inflación, el último de los elementos correspondientes a la fórmula para la determinación de la base imponible, cuando se trate de contribuyentes que no sean personas naturales.

Las deducciones, se encuentran desarrolladas a partir del Capítulo III del Título II de la Ley denominado *"De las Deducciones y del Enriquecimiento Neto"*, desde el artículo 27 hasta el artículo 33, ambos inclusive y en su Reglamento a partir del artículo 52 hasta el artículo 79, ambos inclusive correspondientes a su Capítulo III del Título II con similar denominación.

Este elemento a diferencia de los costos, posee una definición legal dentro de la ley especial que desarrolla el impuesto sobre la renta, la cual es desarrollada en su artículo 27, que define este término como los *"egresos causados no imputables al costo, normales y necesarios, hechos en el país con el objeto de producir el enriquecimiento"*.

De la definición plantea, se advierte que, su principal diferencia con los costos, es que las deducciones son erogaciones o gastos,

JORGE E. MELEÁN BRITO

necesarios y normales, que guardan relación con la producción del enriquecimiento, pero los mismos no son imprescindibles, vale decir, el contribuyente de no realizarlos aún con dificultades operativas produciría enriquecimientos, esto se deriva del hecho que, si los mismos fueran imprescindibles serían imputados como costos a los ingresos brutos.

No obstante, al igual que los costos, las deducciones deben encontrarse soportadas en los documentos correspondientes.

Como se desprende de la definición legal citada *supra* los gastos o erogaciones en los que incurra el contribuyente, serán imputados como deducciones únicamente cuando; estos sean causados, normales, necesarios, no imputables al costo, hechos con objeto de producir el enriquecimiento y territoriales, cuando se trate del enriquecimiento de fuente territorial.

Las deducciones pueden ser clasificadas[130] en atención a las características concedidas por el legislador en:

1.- Deducciones de tipo porcentuales; las cuales se encuentran sujetas a un límite porcentual sobre el cual se admite la deducción, estas se encuentran en los parágrafos segundo, cuarto, decimo, undécimo, décimo segundo y décimo tercer del artículo 27 de la Ley de Impuesto sobre la Renta.

2.- Deducciones sujetas a retención; las cuales se encuentran en los numerales 1°, 2°, 13°, 14°, 15°, 16° y 18° del artículo 27 de la Ley de Impuesto sobre la Renta, de acuerdo a los establecido en el parágrafo octavo del referido precepto.

3.- Deducciones sometidas a condiciones particulares, tales como; las señaladas en los numerales 3°, 4°, 5°, 6°, 8°, 9°, 10°, 12°,

---

[130] En relación a la clasificación de las deducciones véase: CAPELLO PAREDES, Taormina. "Ingresos, Costos, Deducciones y Desgravámenes" en *70 años del Impuesto sobre la Renta*, Asociación Venezolana de Derecho Tributario, Caracas-Venezuela, 2013, pp. 117 y ss.

13°, 17°, 19° y 21°, así como, las establecidas en los parágrafos noveno y decimonoveno del artículo 27 *eiusdem*.

Asimismo, el legislador establece supuestos en los cuales se prohíbe la admisión de las deducciones, referidos supuestos se encuentran señalados en los parágrafos primero, quinto, decimocuarta, decimoquinto, decimonoveno del referido precepto 27.

El legislador, en el parágrafo tercero del artículo 27 de la Ley de Impuesto sobre la Renta facultad a la Administración tributaria nacional para reducir las deducciones por concepto de sueldos, salarios u otras remuneraciones análogas, cuando los montos comparados con otras empresas similares excedan los pagados por referidos conceptos, dándosele a los ingresos percibidos el carácter de dividendos y por consiguiente gravando estos ingresos con la alícuota correspondiente.

Ajuste por inflación

El Ajuste por inflación, es incorporado a partir de la Ley de Impuesto sobre la Renta de 1991 como un elemento para la determinación del impuesto, debido a los efectos fiscales que ocasionan las distorsiones económicas que origina este fenómeno.

En la Ley vigente, se encuentra este elemento en el Título IX denominado *"De los Ajustes por inflación"* desde el artículo 171 hasta el artículo 191, ambos inclusive y en el Reglamento de la referida Ley en su Título II denominado *"De la Determinación del enriquecimiento neto"* en su Capítulo V denominado *"De los Ajustes por inflación"* desde el artículo 90 hasta el artículo 123 ambos inclusive.

La inflación, es un fenómeno económico, que ocurre cuando se incrementa de manera constante el nivel general de precios[131], lo que materializa una baja en el poder adquisitivo de una determinada localidad y moneda.

Este hecho, distorsiona los resultados reales presentados en un período fiscal "ocasionando que los valores en libros del inventario y los activos depreciables difieran considerablemente de sus valores verdaderos", así como de "los costos de inventario y las amortizaciones de la depreciación"[132] originando graves distorsiones en las utilidades obtenidas.

En ese sentido, visto que, el impuesto sobre la renta, tiene como propósito gravar el incremento patrimonial representado por la obtención de un enriquecimiento neto, como manifestación de una capacidad contributiva real por parte del contribuyente, se justifica su inclusión dentro de la legislación y especialmente en la fórmula para la determinación del tributo, habida cuenta que, permite al contribuyente superar las distorsiones en los valores nominales de los ingresos, costos, perdidas y demás erogaciones ajustando sus valores a la realidad económica para con ello medir su verdadera capacidad contributiva, siguiendo la metodología definida por el legislador en la ley[133].

Enriquecimiento neto de las personas bajo relación de dependencia

El enriquecimiento neto, se entiende como la porción de incremento patrimonial que se obtiene luego de restar de los ingresos brutos de

---

[131] SAMUELSON, Paul y NORDHAUS, William. *Economía...*, cit., p. 632.

[132] GITMAN, Lawrence, *Principios de Administración Financiera*, 11ª ed., PEARSON Addison Wesley, México, 2007, p. 51.

[133] Para profundizar sobre el referido punto véase ROMERO-MUCI, Humberto. *Los ajustes por inflación en la Ley de Impuesto Sobre la Renta*, Editorial Jurídica Venezolana, Caracas, 1993.

fuente territorial, los costos territoriales y las deducciones, siempre y cuando no se trate de un contribuyente bajo relación de dependencia, siendo que, para los ingresos obtenidos bajo esta figura el legislador a dispuesto un trato diferente, el cual se desprende de la lectura del artículo 31 de la Ley de Impuesto sobre la Renta que, determina de manera precisa lo que debe entenderse por enriquecimiento neto, sin que deba incurrirse en la aplicación de la formula señalada en el artículo 4 *eiusdem*.

No obstante, la definición planteada en la ley sufrió una modificación por parte de la Sala Constitucional en uso de su jurisdicción normativa, en la sentencia N° 301 de 2007[134], aclarada en la sentencia N° 390 del mismo año y reiterada en la sentencia N°673 de 2016, estableciéndose como enriquecimiento neto de las personas naturales bajo relación de dependencia:

[L]os salarios devengados en forma regular y permanente por la prestación de servicios personales bajo relación de dependencia. También se consideran como enriquecimientos netos los intereses provenientes de préstamos y otros créditos concedidos por las instituciones financieras constituidas en el exterior y no domiciliadas en el país, así como las participaciones gravables con impuestos proporcionales conforme a los términos de esta Ley.

A los efectos previstos en este artículo, quedan excluidos del salario las percepciones de carácter accidental, las derivadas de la prestación de antigüedad y las que la Ley considere que no tienen carácter salaria.

De la definición jurisdiccional planteada, se desprende que, los ingresos obtenidos por concepto de salarios regulares y permanentes,

---

[134] Véase: ABACHE CARVAJAL, Serviliano. "Repensando la LISLR", *Revista de derecho público*, N° 165 – 166, Universidad Central de Venezuela, Caracas – Venezuela, 2021.

intereses provenientes de préstamos y otros créditos concedidos por instituciones financieras no constituidas, ni domiciliadas en el país y las participaciones gravables con impuestos proporcionales de acuerdo a la Ley de Impuesto sobre la Renta, son considerados enriquecimiento netos y por lo tanto, no admiten la imputación de costos, deducciones o cualesquier otro gasto, en el que incurra el contribuyente para obtenerlo, distinto a los considerados como Desgravámenes, los cuales serán abordados *infra*, excluyéndose de los enriquecimientos netos, las prestaciones de antigüedad, las percepciones accidentales, extraordinarias o no regulares y las demás que determine la ley[135].

Desgravámenes

Los Desgravámenes, como se indicó *supra* son aplicable a los enriquecimientos netos de fuente territorial obtenidos por las personas naturales, tanto por la enajenación de bienes o la prestación de servicios como por estar bajo relación de dependencia.

Este elemento, se encuentran establecido en la Ley de Impuesto sobre la Renta, en su Título IV denominado *"De las Rebajas de impuesto y de los Desgravámenes"* en su Capítulo I denominado *"De los Desgravámenes y de las Rebajas de Impuesto a las Personas Naturales"* desde el artículo 57 hasta el artículo 58, ambos inclusive y en el Reglamento de la Ley en su Título III sin denominación en su Capítulo II denominado *"De las Rebajas de impuestos a las personas naturales"* en los artículos 130 y 131.

Pese a que, el legislador incluye en un mismo Capítulo los Desgravámenes como las Rebajas de impuesto, es necesario señalar que, ambos términos no son sinónimos, a saber, los Desgravámenes,

---

[135] ABACHE CARVAJAL, Serviliano. *La desinstitucionalización del impuesto sobre la renta* Editorial Jurídico Venezolana – Asociación Venezolana de Derecho Tributario, Caracas, 2019.

son erogaciones consideradas por el legislador como normales y necesarias para la satisfacción de necesidades fundamentales, debiendo las mismas ser imputadas a los enriquecimientos netos para con ello obtener la base imponible para la aplicación de las tarifas contempladas en la Ley.

En cambio, las Rebajas de impuesto, son beneficios fiscales contemplados en la Ley aplicables a la base imponible obtenida, luego de la aplicación de los desgravámenes, que inciden sobre el cálculo definitivo del impuesto a pagar y las mismas se encuentran reguladas en los artículos 59 y 60 de la Ley de Impuesto sobre la Renta.

Ahora bien, los Desgravámenes señalados en la ley son de dos (2) tipos, específicos y único, teniendo el contribuyente la opción de decidir, dependiendo de los supuestos, cual emplear.

Los desgravámenes específicos, se encuentran tipificados en los numerales del artículo 57 de la Ley que crea el tributo y corresponden a determinados gastos realizados por el contribuyente para su beneficio o el de sus descendientes o grupo familiar, tales como:

1.- *"Lo pagado"* ha institutos o centro educativos por la educación del contribuyente o sus descendientes con un límite de edad de veinticinco años, cuando no se trate de educación especial,

2.- *"Lo pagado por el contribuyente"* por primas de seguro de hospitalización, cirugía y maternidad a empresas domiciliadas en el país,

3.- *"Lo pagado"* por el contribuyente por *"servicios médicos, odontológicos y de hospitalización, prestados en el país"* al contribuyente, sus ascendientes o descendientes no mayores de edad, a menos que se encuentren incapacitados para trabajar o estén estudiando y sean menores de veinticinco años y sean incluidos como carga familiar, en un todo de acuerdo con el artículo 59 de la ley, y

4.- *"Lo pagado"* por el contribuyente *"por concepto de cuotas de intereses"* con ocasión de *"préstamos obtenidos por el contribuyente*" para la "*adquisición de su vivienda principal o de lo pagado*" como "*alquiler de la vivienda que le sirve de asiento permanente del hogar*".

No obstante, el referido desgravamen, se encuentra limitado a un monto que, no puede exceder a las "*mil unidades tributarias (1.000 U.T.) por ejercicio en el caso de cuotas de intereses de préstamos*" o de "*ochocientas unidades tributarias (800 U.T.) por ejercicio*" en caso de pago de alquiler.

Por su parte, el desgravamen único, se encuentra señalado en el artículo 58 *eiusdem* el cual establece que este es de setecientas setenta y cuatro unidades tributarias (774 U.T.), sin que puedan establecerse los desgravámenes específicos.

Los requisitos o condiciones para poder aplicar alguno de los desgravámenes son:

1.- Ser persona natural residenciada en el país, y

2.- En los casos de los desgravámenes específicos:

A.- No haber imputado los gastos al ingreso bruto por concepto de costos o deducciones al momento de la determinación del impuesto,

B.- Corresponder a gastos efectivamente pagados por el contribuyente, dentro del año gravable, debiendo el contribuyente soportar los pagos efectuados y mantener en resguardo los referidos soportes o comprobantes,

C.- Los pagos no podrán ser imputados como desgravámenes en los casos que sean reembolsados al contribuyente por "*el patrono, contratista, empresa de seguros o entidades sustitutivas*"[136],

D.- En caso que, varios contribuyentes concurran al pago por concepto de educación o prima de seguro de hospitalización, cirugía y maternidad, los desgravámenes deberán ser divididos entre ellos, y

---

[136] Parágrafo segundo del artículo 57 de la Ley de Impuesto sobre la Renta.

E.- Que aparezca en el comprobante de pago el número de Registro de Información Fiscal del beneficiario del pago.

Renta presunta

La Renta presunta, se encuentra regulada en el Título II Capítulo IV denominado *"De las Rentas Presuntas"* desde el artículo 34 hasta el artículo 49 ambos inclusive de la Ley de Impuesto sobre la Renta, este término dentro del texto de la referida ley no posee una definición legal propiamente dicha.

Del contenido de los artículos que desarrollan el referido Capítulo, se puede interpretar por Renta presunta, aquella renta obtenida por el contribuyente que, estando sometido a la Ley de Impuesto sobre la Renta, no se encuentra domiciliado o residenciado en Venezuela, o que estándolo, por la naturaleza de sus actividades económicas, el legislador le aplica las condiciones del régimen de renta presunta.

La renta presunta, es una modalidad de obtención de ingresos, establecida por el legislador a razón de la dificultad que supone para la Administración tributaria nacional, controlar, fiscalizar, verificar, determinar o evaluar la obtención de los comprobantes idóneos que permitan soportar los costos y deducciones a los cuales incurren los sujetos obligados para el momento de la obtención de los ingresos brutos, *"presumiendo"* el legislador, a través de determinados porcentajes el *quantum* de la renta sometida a gravamen, *"salvando"* al contribuyente de la obligación de soportar los costos y deducciones y de realizar la correspondiente determinación para enterar el tributo.

No obstante, esta salvedad, establecida por el legislador, trae consigo, el deber para el sujeto pagador de retener en la fuente el porcentaje de impuesto establecido por el legislador como renta presunta y enterarlo a la Administración tributaria nacional, este hecho será abordado *infra* en el capítulo IV, con mayor profundidad, específicamente en los deberes formales que rodean la retención de rentas.

Renta neta

La Renta neta, es un término definido en el artículo 64 de la Ley de Impuesto sobre la Renta como *"aquella aprobada por la Asamblea de Accionistas y con fundamento en los estados financieros elaborados de acuerdo a lo establecido en el artículo 88"* de la Ley, la cual es repartida a través de los dividendos pagados o abonados en cuenta en dinero o en especie.

Se entiende por dividendos, de acuerdo al parágrafo único del artículo 65 *eiusdem* *"la cuota parte que corresponda a cada acción en las utilidades de las compañías anónimas y demás contribuyentes asimilados, incluidas las que resulten de cuotas de participación en sociedades de responsabilidad limitada"*, debiendo el contribuyente llevar de manera ordenada y ajustada a los Principios de contabilidad generalmente aceptados por el Estado, los libros y registros establecidos en la Ley a propósito de poder soportar la información financiera.

La Renta neta, es sometida a un impuesto proporcional siempre que exceda la renta neta fiscal gravada del pagador, vale decir, de la empresa, debiendo ser retenido el monto al momento del pago o del abono en cuenta siempre que, sea en dinero, cuando sea en especies, establece el legislador un anticipo del impuesto del uno por ciento (1%) sobre el valor total de los dividendos, correspondiendo a la empresa pagadora exigir el comprobante del respectivo anticipo a los fines de *"registrar la titularidad de las acciones en el libro de accionistas que a tal efecto lleve dicha empresa"*.

Alícuotas impositivas del Impuesto sobre la Renta

Las alícuotas impositivas, han sido definidas como aquel porcentaje o cuota tributaria que se aplica "a una base imponible, es decir, a un parámetro constituido por una suma de dinero, y consisten en un porcentaje de dicha base"[137], esta cuota o porcentaje puede ser de tres (3) tipos: proporcional, progresiva o regresiva.

Por alícuota proporcional, se entiende aquella que "no varía al variar la base imponible, de tal suerte que la cuantía de la obligación tributaria aumenta en una proporción constante al aumentar la base imponible"[138].

Por su parte, una alícuota es progresiva cuando la cuota tributaria "aumenta al aumentar la base imponible"[139] y por último se entiende por alícuota regresiva aquella que "disminuye al aumentar la base imponible, de tal suerte que a aumentos sucesivos e iguales de la base corresponden aumentos menos que proporcionales en la cuantía de la obligación tributaria"[140].

Las alícuotas impositivas en el impuesto sobre la renta son de dos (2) tipos progresivas y proporcionales y se encuentran desarrolladas principalmente en el Título III denominado *"De las Tarifas y su aplicación y del gravamen proporcional a otros enriquecimientos"* desde el artículo 50 hasta el artículo 56, ambos inclusive y en su Reglamento en su Título III Capítulo I denominado *"De las Tarifas, su aplicación y rebajas de impuestos"* desde el artículo 124 hasta el artículo 129, ambos inclusive.

Para la aplicación de las alícuotas contempladas en la Ley, el sujeto obligado, una vez realizada la determinación del impuesto,

---

[137] SAINZ DE BUJANDA, Fernando. *Lecciones...*, cit., p. 263.
[138] *Ídem*, p. 264.
[139] *Ídem*.
[140] *Ídem*, p. 266.

deberá aplicar un proceso previó de convertir el monto obtenido en bolívares, por concepto de enriquecimiento, a Unidades tributarias, para concluir si de acuerdo al monto obtenido se encuentra obligado a pagar, no pagar o pagar parcialmente, en atención a los anticipos que hubiere realizado a lo largo del período fiscal o la aplicación de incentivos fiscales.

Asimismo, una vez que el sujeto obligado ha determinado el tributo, seguidamente deberá aplicarle, si fuere el caso, la tarifa correspondiente, todo ello en atención al tipo de contribuyente y a los enriquecimientos por él obtenidos.

El legislador establece tres (3) tarifas a lo largo del Título III siendo las dos (2) primeras de tipo progresivas y la tercera de tipo proporcional.

Tarifas progresivas

La Tarifa N° 1 establecida en el artículo 50 de la Ley de Impuesto sobre la Renta, señala que, las personas naturales residenciadas en Venezuela y sus asimilados, verán gravados sus enriquecimientos, siempre que sean distintos a los obtenidos por concepto de regalías y otras participaciones análogas obtenidas por la explotación de minas y por la cesión de las referidas regalías y participaciones con *"base en la siguiente tarifa expresada en unidades tributarias (U.T.)"*:

Tarifa N° 1

1. *Por la fracción comprendida hasta 1.000,00 UT 6,00%*
2. *Por la fracción que exceda de 1.000,00 UT hasta 1.500,00 UT 9,00%*
3. *Por la fracción que exceda de 1.500,00 UT hasta 2.000,00 UT 12,00%*

ASPECTOS GENERALES Y DEBERES FORMALES DE LA IMPOSICIÓN A LA RENTA EN VENEZUELA

4. *Por la fracción que exceda de 2.000,00 UT hasta 2.500,00 UT 16,00%*
5. *Por la fracción que exceda de 2.500,00 UT hasta 3.000,00 UT 20,00%*
6. *Por la fracción que exceda de 3.000,00 UT hasta 4.000,00 UT 24,00%*
7. *Por la fracción que exceda de 4.000,00 UT hasta 6.000,00 UT 29,00%*
8. *Por la fracción que exceda de 6.000,00 UT 34,00%*

Señalando en su parágrafo único que *"En los casos de los enriquecimientos obtenidos por personas naturales no residentes en el país, el impuesto será del treinta y cuatro por ciento (34%)"*.

Por su parte, la Tarifa N° 2 establecida en el artículo 52 *eiusdem*, señala que, las personas jurídicas, las sociedades o corporaciones extranjeras, las entidades jurídicas o económicas referidas en el literal "e" del artículo 7 de la Ley y aquellos contribuyentes que se asimilen a las personas jurídicas y desarrollen actividades distintas a la explotación de hidrocarburos y actividades conexas, tales como; la refinación y el transporte, verán gravados sus enriquecimiento *"con base en la siguiente Tarifa expresada en unidades tributarias (U.T.)"*:

Tarifa N° 2

Por la fracción comprendida hasta 2.000,00 UT 15%
Por la fracción que exceda de 2.000,00 UT hasta 3.000,00 UT 22%
Por la fracción que exceda de 3.000,00 UT 34%

En ambas tarifas, se observa la presencia de tramos que aumentan a medida que aumentan los valores finales del tramo, con lo cual se entiende, que para obtener el valor del porcentaje aplicable a la base imponible se deberá descomponer en los distintos tramos que conforman la Tarifa, el monto del tramo correspondiente, vale decir, si un contribuyente obtiene un enriquecimiento expresado en 2.500 U.T, deberá aplicar a las 2.000 U.T., el porcentaje correspondiente al referido tramo y a las 500 U.T. restantes el porcentaje del tramo siguiente aplicable a las 2.000,01 U.T., debiendo finalmente totalizar los montos parciales obtenidos por cada tramo para obtener el monto global de impuesto sobre la renta adeudado.

Tarifas proporcionales

Las Tarifas proporcionales, como se indicó *supra,* son aquellas que contienen una alícuota única aplicable a la base imponible, indistintamente de su monto y se encuentran desarrolladas en la Ley de Impuesto sobre la Renta en atención al tipo de enriquecimiento o la actividad económica que realice el contribuyente.

Ahora bien, dentro de la Ley de Impuesto sobre la Renta, el legislador establece diferentes alícuotas de tipo proporcional, entre ellas, se encuentra la desarrollada en la Tarifa N° 3 establecida en el artículo 53 *eiusdem*, en la se dispone que:

1.- Los enriquecimientos obtenidos por las personas naturales y las asimiladas a estas, derivados de regalías y demás participaciones análogas que se produzcan por la explotación de minas o por la cesión de tales regalías y participaciones, se verán gravados por una "*Tasa proporcional de sesenta por ciento (60%)*".

2.- Los enriquecimientos obtenidos por contribuyentes que tenga por actividad económica la explotación de hidrocarburos y actividades conexas, tales como; refinación y transporte, o a la compra o adquisición de hidrocarburos y aquellos derivados para la explotación, siempre que no sean personas naturales o sus asimilados, se verán gravados con una "*Tasa proporcional de cincuenta por ciento (50%)*".

ASPECTOS GENERALES Y DEBERES FORMALES DE LA IMPOSICIÓN A LA RENTA EN VENEZUELA

Además de las tarifas proporcionales contempladas en el artículo 53 el legislador señala para determinados enriquecimientos y actividades una serie de tasas proporcionales, las cuales son:

1.- Del 34% para los enriquecimientos obtenidos por personas naturales no residenciadas en Venezuela[141],

2.- Del 40% para los enriquecimientos obtenidos por personas jurídicas o entidades domiciliadas en el país por actividades bancarias, financieras, de seguros o reaseguro[142],

3.- Del 4,95% para los enriquecimientos netos de préstamos y otros créditos concedidos por instituciones financieras constituidas en el exterior y no domiciliadas en el país[143],

4.- Del 10% para los enriquecimientos netos anuales obtenidos por empresas de seguros y reaseguros, no domiciliadas en el país[144],

5.- Del 34% para las ganancias obtenidas por juegos o apuestas[145],

6.- Del 16% para los premios de loterías y de hipódromos[146],

7.- Del 34% para los dividendos percibidos por contribuyentes locales, de empresas constituidas y domiciliadas en el exterior o constituidas en el exterior y domiciliadas en Venezuela[147],

8.- Del 34% para el enriquecimiento neto, no exento ni exonerado, que exceda del enriquecimiento neto gravado en el ejercicio, obtenido por sociedades o comunidades constituidas en el exterior y domiciliadas en Venezuela, o constituidas y domiciliadas en el exterior que tengan en el país, un establecimiento permanente[148],

9.- Del 34% para el dividendo percibido en los términos del

---

[141] Parágrafo único del artículo 50 de la Ley de Impuesto sobre la Renta.
[142] Parágrafo primero del artículo 52 de la Ley de Impuesto sobre la Renta.
[143] Parágrafo segundo del artículo 52 de la Ley de Impuesto sobre la Renta.
[144] Parágrafo tercero del artículo 52 de la Ley de Impuesto sobre la Renta.
[145] Artículo 61 de la Ley de Impuesto sobre la Renta.
[146] Artículo 62 de la Ley de Impuesto sobre la Renta.
[147] Parágrafo primero del artículo 66 de la Ley de Impuesto sobre la Renta.
[148] Artículo 69 de la Ley de Impuesto sobre la Renta.

Capítulo II, del Título V de la Ley[149],

10.- Del 50% y 60% a los dividendos pagados, cuando los pagadores se dediquen a las actividades referidas en los artículos 11 y 12 de la Ley[150].

La Unidad Tributaria en el ISLR

La Unidad Tributaria (U.T.) puede definirse como "un módulo monetario, que sirve como técnica de indexación de los valores que expresan referencias cuantitativas en las leyes tributarias", fundamentalmente en aquellos valores relacionados con "la base de cálculo, la estructura de tramos progresivos, alícuotas tributarias y otras variables numerarias fijas utilizadas en la definición legal del tributo"[151].

Asimismo, la referida unidad se entiende como "una unidad de medida de valor en materia tributaria que permite hacer una corrección anual sobre el valor de la moneda"[152].

De las referidas definiciones, se desprende que esta unidad se presenta como un mecanismo de actualización monetaria, en materia tributaria, el cual, dentro del contexto actual de hiperinflación, adquiere una mayor importancia, por cuanto debiere ser empleada para mitigar las distorsiones económicas.

Ahora bien, la Unidad Tributaria fue prevista e incorporada por primera vez en el sistema tributario venezolano con la entrada en

---

[149] Artículo 71 de la Ley de Impuesto sobre la Renta.
[150] Parágrafo segundo y tercero respectivamente del artículo 71 de la Ley de Impuesto sobre la Renta.
[151] WEFFE HERNÁNDEZ, Carlos. "Inflación, Derecho Tributario y control parlamentario. El ajuste de la Unidad Tributaria como acto administrativo complejo", *Revista de Derecho y Sociedad*, N° 16, Revista de la Facultad de Ciencias Jurídicas y Políticas de la Universidad Monteávila, Caracas, 2020, p. 64. [Página *web* en línea] Disponible: https://www.derysoc.com/wp-content/uploads/2022/03/Derecho-y-Sociedad-No.-16.pdf [Consulta: 2022, enero 23].
[152] ANDARÁ SUÁREZ, Lenin. *Manual...*, cit., p. 80.

vigencia del Código Orgánico Tributario de 1994, la misma en términos de la Sala Político administrativa del Tribunal Supremo de Justicia[153], fue:

> Prevista por el legislador como una medida de valor que delimita el instrumento de pago de la obligación tributaria en un momento determinado, y cuya finalidad persigue evitar las distorsiones que se generan por efecto de la inflación respecto de las expresiones nominales fijas que regulan la estructura del tributo; en otros términos, constituye una suerte de corrección monetaria por efectos inflacionarios.

Vista la intención del legislador, que fuera una unidad de medida que evitara las distorsiones económicas que se generan producto de la inflación, se previó en el Código Orgánico Tributario que la misma fuera actualizada de manera periódica.

No obstante, las reglas vinculadas con la actualización de la Unidad Tributaria con la entrada en vigencia de la última reforma realizada en el año 2020 por la Asamblea Nacional Constituyente (ANC-2017), fueron modificadas, estableciéndose en su artículo 3 parágrafo Tercero que "*por su carácter de determinación objetiva y de simple aplicación aritmética, la Administración Tributaria Nacional reajustará el valor*" de la Unidad Tributaria, eliminando así, la obligación de esperar la opinión favorable de la Comisión Permanente de Finanzas de la Asamblea Nacional, prevista desde su creación en el año 1994.

A tal efecto, el referido ajuste, se realizará siguiendo las disposiciones del mencionado Código, el cual, en su artículo 131

---

[153] Sala Político Administrativa del Tribunal Supremo de Justicia, Sentencia N° 00479 de 23 de abril de 2008, caso: Tenería Primero de Octubre, C. A. vs Fisco Nacional, *36 Colección Doctrina Judicial del Tribunal Supremo de Justicia, Doctrina Contencioso Administrativa y Tributaria*. Octubre 2007-Diciembre 2008, 123 (Caracas, 2009).

establece las facultades, atribuciones y funciones de la Administración tributaria nacional señalando así en su numeral 15° que tiene la de *"reajustar la unidad tributaria (U.T.) previa autorización del Presidente de la República"*.

Con lo cual, se modifican las disposiciones referidas al tiempo y las formas señaladas en el derogado Código Orgánico Tributario de 2014, que especificaba en su artículo 3 que el reajuste de la Unidad Tributaria se realizaría *"dentro de los quince (15) primeros días del mes de febrero de cada año, previa opinión favorable de la Comisión Permanente de Finanzas de la Asamblea Nacional, sobre la base de la variación producida"* en el índice Nacional de Precios al Consumidor fijado por la autoridad competente, del año inmediatamente anterior.

El trato de la Unidad Tributaria en la reforma del Código Orgánico Tributario de 2020, trae consigo la indeterminada situación que el contribuyente desconozca a ciencia cierta el tiempo y las condiciones en las cuales se producirá la actualización del valor de la Unidad Tributaria, por cuanto, de las normas transcritas se aprecia que, no debe *per se*, ser actualizada dentro de los primeros quince (15) días del mes de febrero, asimismo, se prescinde de la formalidad de basar la actualización en la variación producida en el Índice Nacional de Precios al Consumidor fijado por la autoridad competente.

Con relación al valor de la Unidad Tributaria a ser empleada por el sujeto obligado, durante la determinación del tributo, el artículo 3 del Código Orgánico Tributario en su parágrafo Tercero señala que, para el ejercicio fiscal respectivo *"la unidad tributaria aplicable será la que esté vigente al cierre del ejercicio fiscal respectivo"*, vale decir, aquella vigente para el 31 de diciembre del correspondiente año.

Ahora bien, es oportuno indicar que, con la entrada en vigencia del Código Orgánico Tributario de 2020, el uso de la Unidad

Tributaria quedo reservado únicamente para los impuestos nacionales.

En tal sentido, el artículo 3 del referido Código establece que *"La unidad tributaria solo podrá ser utilizada como unidad de medida para la determinación de los tributos nacionales cuyo control sea competencia de la Administración Tributaria Nacional"*, señalando el referido precepto que no puede la Unidad Tributaria ser utilizada *"por otros órganos y entes del Poder Público para la determinación de beneficios laborales o tasas y contribuciones especiales derivadas de los servicios que prestan"*.

De la disposición transcrita, se desprende que, la Unidad Tributaria será la que corresponda utilizarse en las diferentes tarifas incorporadas en el Decreto con Rango, Valor y Fuerza de Ley de Impuesto sobre la Renta.

No obstante, visto que, en la actualidad los reajustes de la Unidad Tributaria no se han realizado conforme al índice de inflación publicado por el Banco Central de Venezuela (B.C.V), se aprecia que, se produce una subestimación del umbral tributario que produce "un aumento de la presión fiscal a las personas naturales, que no se corresponde con su capacidad contributiva efectiva"[154] con respecto al deber formal de declarar y pagar el Impuesto sobre la Renta.

---

[154] ROMERO-MUCI, Humberto. *Uso, abuso y perversión de la unidad tributaria. Una reflexión sobre tributación indigna*, Editorial Jurídica Venezolana-Asociación Venezolana de Derecho Tributario (AVDT), Caracas, 2016, p. 3.

CAPÍTULO III
DEBERES FORMALES DE LA IMPOSICIÓN A LA RENTA

La relación jurídico tributaria, origina para el sujeto pasivo un conjunto de prestaciones tributarias que consisten en un "dar, hacer, no hacer o soportar que (…) ha de satisfacer" a favor de la "Administración Tributaria" u "otros administrados con motivo de la aplicación de los tributos"[155].

Si bien es cierto, la prestación tributaria más importante es aquella relacionada con el pago del tributo a favor del ente recaudador, visto que, con ello se financia el gasto público, esta obligación, así como la relación jurídica tributaria, se soporta en un "conjunto abierto de mandatos dirigidos" al sujeto obligado "con el fin de condicionar su actuación de cara a la relación jurídico tributaria que conserva con la Administración"[156] tributaria.

En ese sentido, esta serie de deberes, prestaciones, mandatos u obligaciones que pesan sobre el sujeto pasivo a propósito de dar cumplimiento con la aplicación de la normativa tributaria, han sido calificadas por la ley y la doctrina especializada con el adjetivo calificativo de *"formales"*, por cuanto, más que materializar el pago del tributo, establecen un conjunto de acciones que debe soportar el

---

[155] LAGO MONTERO, José María: *La sujeción a los diversos deberes y obligaciones tributarias*. Marcial Pons, Madrid, 1998, pp. 23 y 24.
[156] APONTE ARCILA, Jonas. "Breves notas sobre los deberes de información en materia tributaria venezolana", *Revista de Derecho y Sociedad*, N° 18, Revista de la Facultad de Ciencias Jurídicas y Políticas de la Universidad Monteávila, Caracas, 2021, pp. 18 y 19. [Página *web* en línea] https://www.derysoc.com/wp-content/uploads/2022/03/DyS-No.-18-%E2%80%93-2022.pdf [Consulta: 2022, noviembre 12].

contribuyente a propósito de facilitar las facultades otorgadas a la Administración tributaria como ente recaudador y garantizar en los casos que proceda el pago del impuesto.

Deberes formales del impuesto sobre la renta

Los Deberes formales han sido definidos como el conjunto de "deberes de hacer, no hacer o soportar que las leyes tributarias establecen como instrumento necesario para la aplicación de los tributos y que presentan como característica común el no consistir en prestaciones de dar dinero"[157].

Estos deberes, pueden o no encontrarse relacionados directamente con la obligación tributaria de pagar un tributo, por cuanto son establecidos por la ley con la intención de garantizar la aplicación de la normativa tributaria por parte del sujeto pasivo y facilitar con ello las actividades de la Administración tributaria.

La intención a la que se hace referencia se puede distinguir en otra definición de los deberes formales que los considera como aquellas "obligaciones que la ley o las disposiciones reglamentarias y; aun las autoridades de aplicación de las normas fiscales, por delegación de la ley impongan a contribuyentes, responsables o terceros para colaborar con la administración en el desempeño de sus cometidos"[158].

De la definición planteada, se desprende que las prestaciones de hacer, no hacer o soportar establecidas a propósito de la aplicación de las distintas normativas tributarias, se encuentran orientadas a garantizar la actuación de la Administración tributaria tanto para la materialización, cuantificación, determinación o liberación de la obligación tributaria, como para establecer mecanismos a favor de

---

[157] LAGO MONTERO, José María: *La sujeción...*, cit., p. 47.
[158] JARACH, Dino: *Finanzas...*, cit., p.424.

esta, que permitan facilitar el desarrollo de sus facultades de control, fiscalización, verificación y determinación del tributo.

El cumplimiento de las prestaciones tributarias es una obligación señalada en el artículo 19 del Código Orgánico Tributario, sin hacer referencia a cuáles son las diferentes prestaciones tributarias a las que se encuentran obligados los sujetos pasivos, ni indicar específicamente una definición legal de este término.

No obstante, el artículo 23 del referido Código advierte que el contribuyente se encuentra obligado *"al pago de los tributos y al cumplimiento de los deberes formales impuestos por este Código o por normas tributarias"*, con lo cual se evidencia, la existencia de obligaciones tributaria distintas al pago del tributo que pesan sobre el contribuyente y a su vez, sobre los responsables habida cuenta que, estos deben cumplir las obligaciones atribuidas a los contribuyentes.

En relación a los deberes formales, en términos generales, se encuentran señalados en el artículo 155 del Código Orgánico Tributario, el cual establece la obligación para los *"contribuyentes, responsables y terceros"* de cumplir con los deberes formales *"relativos a las tareas de fiscalización e investigación que realice la Administración tributaria"*, especificando el legislador un conjunto de deberes clasificados en ocho numerales, a saber:

1.-Cuando lo requieran las leyes o reglamentos:

a. *Llevar en forma debida y oportuna los libros y registros especiales, conforme a las normas legales y los principios de contabilidad generalmente aceptados, referentes a actividades y operaciones que se vinculen a la tributación y mantenerlos en el domicilio o establecimiento del contribuyente y responsable.*

b. *Inscribirse en los registros pertinentes, aportando los datos necesarios y comunicando oportunamente sus modificaciones.*

c. *Colocar el número de inscripción en los documentos, declaraciones y en las actuaciones ante la Administración Tributaria, o en los demás casos en que se exija hacerlo.*

d. *Solicitar a la autoridad que corresponda permisos previos o de habilitación de locales.*

e. *Presentar, dentro del plazo fijado, las declaraciones que correspondan.*

2.- Emitir los documentos exigidos por las leyes tributarias especiales, cumpliendo con los requisitos y formalidades en ellas requeridos.

3.- Exhibir y conservar en forma ordenada, mientras el tributo no esté prescrito, los libros de comercio, los libros y registros especiales, los documentos y antecedentes de las operaciones o situaciones que constituyan hechos imponibles.

4.- Contribuir con los funcionarios autorizados en la realización de las inspecciones y fiscalizaciones, en cualquier lugar, establecimientos comerciales o industriales, oficinas, depósitos, buques, aeronaves y otros medios de transporte.

5.- Exhibir en las oficinas o ante los funcionarios autorizados, las declaraciones, informes, documentos, comprobantes de legítima procedencia de mercancías, relacionadas con hechos imponibles, y realizar las aclaraciones que les fueren solicitadas.

6.- Comunicar cualquier cambio en la situación que pueda dar lugar a la alteración de su responsabilidad tributaria, especialmente cuando se trate del inicio o término de las actividades del contribuyente.

7.- Comparecer ante las oficinas de la Administración Tributaria cuando su presencia sea requerida.

8.- Dar cumplimiento a las resoluciones, órdenes, providencias y demás decisiones dictadas por los órganos y autoridades tributarias.

Los deberes formales, citados *supra* deben ser cumplidos en un todo de acuerdo con el artículo 156 del referido Código Orgánico Tributario tanto por contribuyentes, responsables o terceros en atención a las actividades o relación que estos posean con el contribuyente, a saber:

1.- *"En el caso de las personas naturales, por sí mismas o por representantes legales o mandatarios"*,

2.- *"En el caso de las personas jurídicas, por sus representantes legales o convencionales"*,

3.- En el caso de las entidades sin personalidad jurídica *"por la persona que administre los bienes, y en su defecto por cualquiera de los integrantes de la entidad"*, y

4.- En caso de sociedades conyugales, unión estable de hecho entre un hombre y una mujer, sucesiones y fideicomisos, *"por sus representantes, administradores, albaceas, fiduciarios o personas"* que designen los miembros del grupo, y en su defecto cualquiera de los interesados.

Siguiendo la el orden sistemático, no jerárquico, de los deberes formales enumerados en el artículo 155 del Código Orgánico Tributario transcritos *supra*, se procederá al desarrollo individualizado de cada deber formal de cara a la imposición sobre la renta a partir del contenido de su ley especial y sus diferentes normas de desarrollo, centrándose el estudio en los deberes formales que tienen a bien cumplir la totalidad de los sujetos pasivos obligados por el impuesto sobre la renta, sin hacer mención de aquellos deberes formales individuales que pesan sobre las partes vinculadas en atención de las operaciones realizadas por precios de transferencia, en aras de garantizar la imposición sobre la renta internacional.

Asimismo, es necesario advertir que el cumplimiento de los deberes formales por parte de los sujetos obligados se encuentra relacionado con la cualidad de sujetos, el tipo de enriquecimiento que este devenga y las actividades por el realizadas, haciéndose las salvedades correspondientes en cada caso particular.

En tal sentido, se pueden clasificar los deberes formales del impuesto sobre la renta de la siguiente manera:

1.- Llevar los libros y registros especiales de forma debida

Llevar los libros y registros especiales de forma debida, es un deber formal establecido en el literal a), numeral 1° del artículo 155 del Código Orgánico Tributario, el cual dispone que, en los casos que, lo requieran las leyes o reglamentos se deberá llevar "*en forma debida y oportuna los libros y registros especiales*" conforme a "*las normas legales y los principios de contabilidad generalmente aceptados, referentes a actividades y operaciones que se vinculen a la tributación*", debiendo el contribuyente o responsable mantenerlos en su "*domicilio o establecimiento*".

Del precepto transcrito se desprende que, este deber se encuentra supeditado a la exigencia o no por parte del legislador de llevar libros y registros especiales, debido a que, estos deben encontrarse vinculados con el tributo, siendo así, se aprecia que, en la Ley de Impuesto sobre la Renta en su artículo 88 se establece la referida obligación para los contribuyentes de este impuesto de "*llevar en forma ordenada y ajustados a principios de contabilidad generalmente aceptados en la República Bolivariana de Venezuela, los libros y registros que"* establece la Ley de Impuesto sobre la Renta, su reglamento y demás leyes especiales.

Todo ello, con el propósito que (los registros especiales) constituyan *"medios integrados de control y comprobación de todos sus bienes activos y pasivos, muebles e Inmuebles, corporales e incorporales, relacionados o no con el enriquecimiento que se declara".*

Asimismo, se encuentran obligados los contribuyentes a exhibir tanto los libros como los registros especiales *"a los funcionarios fiscales competentes y a adoptar normas expresas de contabilidad que con ese fin se establezcan".*

Finalmente, el artículo 88 señalando que *"las anotaciones o asientos que se hagan en dichos libros y registros deberán estar apoyados en los comprobantes correspondientes y solo de la fe que estos merezcan surgirá el valor probatorio de aquellos".*

Dentro del marco regulatorio venezolano, con relación a las operaciones económicas que son realizadas por los sujetos sometidos a gravamen por el impuesto sobre la renta, el legislador ha creado tanto en el Código de Comercio como en la Ley especial del tributo una serie de libros contables y fiscales.

En cuanto al Código de Comercio, el legislador establece diferentes tipos de libros y obligaciones, atendiendo al tipo de comerciante que se trate, estableciendo para todos los comerciantes[159], tanto personas naturales como jurídicas el deber de llevar tres (3) libros, los cuales son:

A.- El libro diario

B.- El libro mayor

C.- El libro de inventario y balance

---

[159] Artículo 32 del Código de Comercio.

A.- El libro Diario

El libro diario, es un libro contable, en el cual el comerciante, asienta de manera diaria, las operaciones económicas que se realicen, de modo que se exprese claramente quien es el acreedor y deudor en las negociaciones realizadas, debiendo conservar los documentos que soporten las operaciones.

No obstante, en el caso de los comerciantes que por la naturaleza de sus operaciones económicas vendan solo al detal, cumplirán con la referida finalidad asentando simplemente en el correspondiente libro un resumen de las *"compras y ventas hechas al contado, y detalladamente las que hicieran a crédito, y los pagos y cobros con motivo de éstas"*[160].

Para que pueda ser utilizado el Libro Diario debe haber sido previamente presentado por ante el Registro Mercantil de la localidad correspondiente[161].

B.- Libro Mayor

El libro mayor, es un libro contable, en el cual el comerciante asienta la totalidad de las operaciones económicas registradas en las cuentas contables que se asentaron en el libro diario.

C.- Libro de inventario y de balance

El libro de inventario y de balance, es un libro contable, en el cual el comerciante deberá al comenzar y finalizar cada año, registrar todos los bienes, tanto muebles como inmuebles, valores, activos, pasivos, créditos y el patrimonio que posee.

---

[160] Artículo 34 del Código de Comercio.
[161] Artículo 33 del Código de Comercio.

Asimismo, en el referido libro, se asentará el balance general y el estado de ganancias y pérdidas una vez finalizado el ejercicio económico[162].

Este libro para ser utilizado deberá ser presentado por ante el Registro Mercantil de la localidad correspondiente con su respectiva foliatura[163].

Asimismo, el referido Código señala que, los Administradores de las compañías en comanditas por acciones o compañías anónimas además de los libros mencionados *supra*, deberán llevar los siguientes libros[164]:

D.- Libro de Actas de Asamblea

E.- Libro de Accionistas

F.- Libro de Acta de Juntas de Administradores

D.- Libro de Actas de Asamblea

El libro de Actas de Asamblea, es un libro legal, no contable en el cual los Administradores incorporan de manera cronológica las Actas de las Asambleas realizadas por la sociedad mercantil, debidamente protocolizadas por ante el Registro Mercantil.

E.- Libro de Accionistas

El libro de accionistas, es un libro legal, no contable, en el cual se lleva el registro de todos los accionistas de la compañía, con su correspondiente nombre, domicilio y número de acciones que posee.

F.- Libro de Actas de Juntas de Administradores:

---

[162] Artículo 35 del Código de Comercio.
[163] Artículo 33 del Código de Comercio.
[164] Artículo 260 del Código de Comercio.

El libro de Actas de Juntas de Administradores, es un libro legal, no contable en el cual se lleva un registro cronológico de las decisiones y demás medidas acordadas por la Junta de Administradores en sus reuniones.

Por su parte, la Ley de Impuesto sobre la Renta señala el deber para los sujetos obligados a gravamen que se encuentran sujetos al sistema integral de ajuste y reajuste por inflación, de llevar un Libro Adicional Fiscal[165], en el cual se registrarán todas las operaciones que sean necesarias que se encuentren relacionadas con los ajustes y reajustes por inflación.

No obstante, los sujetos pasivos calificados como especiales, por la Administración tributaria nacional, los contribuyentes que se dediquen a actividades bancarias, financieras, de seguros y reaseguros, debido a la exclusión expresa realizada en el artículo 171 de la Ley de Impuesto sobre la Renta del sistema de ajuste por inflación, no deberán llevar el referido libro.

Ahora bien, los referidos Libros en su totalidad de acuerdo a lo señalado por el legislador en el literal a) numeral 1° del artículo 155 del Código Orgánico Tributario, en concordancia con el artículo 88 de la Ley de Impuesto sobre la Renta, deben ser llevados de forma debida de acuerdo a los Principios Contables Generalmente Aceptados, los cuales son definidos en el parágrafo segundo del artículo 209 del Reglamento de la Ley de Impuesto sobre la Renta como *"aquellos emanados de la Federación de Colegios de Contadores Públicos de Venezuela"*, bajo la denominación VEN-NIF.

Una definición más amplia de los Principios de Contabilidad generalmente aceptados nos dice que:

> [S]on un cuerpo de doctrinas asociadas con la contabilidad, que sirven de explicación de las actividades

---

[165] Artículo 190 de la Ley de Impuesto sobre la Renta y 123 de su Reglamento.

corrientes o actuales y como guía en la selección de convencionalismos o procedimientos aplicados por los profesionales de la contaduría pública en el ejercicio de las actividades que le son propias, en forma independiente de las entidades analizadas y que han sido aceptados en forma general y aprobados por la Federación de Colegios de Contadores Públicos de Venezuela.

Los referidos principios, propiamente dicho, carecen de obligatoriedad legal, por cuanto, los mismos no son emanados de una autoridad con potestad legal, que sancione su incumplimiento.

No obstante, su reconocimiento como guía o marco de acción para llevar los libros beneficia a la Administración tributaria nacional, por cuanto dota de uniformidad los libros y demás asientos contables presentados por los contribuyentes, así como a los contribuyentes, proporcionándoles la ventaja de conocer, el *"criterio"* para llevar los libros frente a un eventual procedimiento de fiscalización sobre los referidos libros, realizado por la Administración tributaria nacional.

En relación a los descrito hasta ahora, se observa que, de acuerdo al tipo de enriquecimiento, actividad económica o modalidad comercial que tenga el sujeto obligado al impuesto sobre la renta, tendrán la obligación de llevar determinados tipos de libros, por lo que, se puede indicar que:

1.- Las personas naturales que ejerzan el comercio, y no realicen actividades de seguros o reaseguros, ni fueren calificadas por la Administración tributaria como especiales, ni obtengan rentas únicamente por prestar servicios bajo relación de dependencia, tienen el deber de llevar los libros Diario, Mayor, de Inventario y Balance general y el Libro adicional fiscal.

2.- Las personas jurídicas constituidas como compañías anónimas o comanditas por acciones, que no se dediquen a actividades bancarias, financieras, de seguros o reaseguros y no fueren calificadas por la Administración tributaria como especiales, deberán llevar los libros: Diario, Mayor, de Inventario y Balance general, de Actas de Asamblea, de Accionistas, de Actas de Administradores y el Libro adicional fiscal.

3.- Los sujetos pasivos especiales y los contribuyentes que se dediquen a las actividades de seguro, reaseguro, actividades bancarias o financieras, deberán llevar los libros: Diario, Mayor, de Inventario y Balance general, de Actas de Asamblea, de Accionistas, de Actas de Administradores.

4.- Las personas naturales que solo perciban ingresos bajo relación de dependencia, por la naturaleza de sus enriquecimientos, no tienen el deber de llevar ninguno de los libros mencionados.

Asimismo, los referidos sujetos obligados al impuesto sobre la renta deberán llevar un Registro de Control Fiscal que contenga los conceptos indicados en los literales a, b, c, d, e, f, g, h, i y j del artículo 179 de la Ley de Impuesto sobre la Renta[166], referentes a las fechas, costos, depreciación o amortización, actualización de costos, valor, precio entre otros conceptos relacionados con todos los bienes muebles e inmuebles, corporales e incorporales, activos y pasivos, relacionados o no con el enriquecimiento que declara, con la finalidad que constituyan medios integrados de control y comprobación.

En relación al deber formal analizado, se aprecia la necesaria intervención de profesionales de la contabilidad, tanto para realizar el correcto registro de la totalidad de las operaciones realizadas con el rigor cronológico del caso, para que sean empleadas como medios probatorios para la correspondiente determinación del tributo o un eventual procedimiento de fiscalización, como para asesorar al contribuyente como obligado a soportar las prestaciones descritas.

---

[166] Concatenado con los artículos 114, 119, 120 y 177 del Reglamento de la Ley especial que crea el tributo

2.- Inscribirse en los registros pertinentes

El deber formal de inscribirse en los registros pertinentes cuando lo requieran leyes o reglamentos, se encuentran tipificado en el literal b), numeral 1° del artículo 155 del Código Orgánico Tributario, debiendo el contribuyentes, responsable o tercero, aportar para ello los datos que sean necesarios y además comunicar oportunamente sus modificaciones.

Entre los registros pertinentes a lo que hace mención este deber se encuentra el Registro único de información fiscal (RIF), por disposición expresa del artículo 96 de la Ley de Impuesto sobre la Renta[167], el cual señala que: *"las personas naturales o jurídicas, las comunidades y las entidades o agrupaciones sin personalidad jurídica, susceptibles, en razón de sus bienes o actividades de ser sujetos o responsables del Impuesto sobre la renta, así como los agentes de retención"* deberán inscribirse en el Registro de Información Fiscal que llevara la Administración tributaria nacional, señalando el artículo 181 del Reglamento de la referida Ley los requisitos que deberán ser incorporados en la inscripción del referido registro.

El Registro Único de Información Fiscal (RIF) se encuentra regulado en la Providencia Administrativa N° 0048[168], la cual señala en su artículo 1 que *"las personas naturales, las personas jurídicas y las entidades sin personalidad jurídica que sean sujetos pasivos de tributos administrados por el Servicio Nacional Integrado de Administración Aduanera y Tributaria (SENIAT)"* o que *"deban efectuar trámites ante cualquier Ente u Órgano de la Administración Pública"* deberán de inscribirse en el Registro Único de Información

---

[167] Concatenado con los artículos 180 y 181 del Reglamento de la Ley de Impuesto sobre la Renta.
[168] Providencia Administrativa que regula el Registro Único de Información Fiscal (RIF) N° 0048, publicada en Gaceta Oficial de la República Bolivariana de Venezuela, N° 40.214 de fecha 25 de julio de 2013.

Fiscal (RIF).

Asimismo, el referido artículo 1 *eiusdem* señala que deberán igualmente inscribirse en el Registro Único de Información Fiscal (RIF) *"los sujetos o entidades no residentes o no domiciliadas en la República Bolivariana de Venezuela, que no posean establecimiento permanente o base fija cuando realicen actividades económicas en el país o posean bienes susceptibles de ser gravados en el mismo"*.

La inscripción en el Registro Único de Información Fiscal (RIF), gracias a las tecnologías de la información y la comunicación puede ser corroborada por la Administración tributaria o por un tercero en el portal *web* del SENIAT y deberá ser realizado dentro de los treinta (30) días siguientes contados a partir de la constitución o inicio de las actividades económicas de acuerdo al artículo 5 de la referida Providencia Administrativa 0048.

Retomando el deber formal analizado, se observa que, además del Registro Único de Información Fiscal el legislador establece otros registros especiales, entre ellos el Registro de los Activos Actualizados, creado en el artículo 172 de la Ley de Impuesto sobre la Renta, en el cual deberán inscribirse los contribuyentes incluidos en el sistema de ajuste por inflación, en concordancia con los artículos 105 y 106 de su respectivo Reglamento.

Otro registro señalado en la Ley de Impuesto sobre la Renta, es el llevado por la Administración tributaria de los inmuebles inscritos como Vivienda principal, siendo deber de los contribuyentes que deseen gozar de los beneficios fiscales correspondientes al referido inmueble utilizado como Vivienda principal registrarlo ante la Administración tributaria, de acuerdo con el artículo 17 literal a *eiusdem*.

3.- Colocar el número de inscripción fiscal en todos los documentos emitidos

El deber formal de colocar el número del Registro único de información fiscal (RIF) en cada uno de los documentos emitidos por el contribuyente, responsable o terceros, se encuentra señalado en el literal c), numeral 1 del artículo 155 del Código Orgánico Tributario, así como en el artículo 4 de la Providencia Administrativa N° 0048 que señala la obligatoriedad del uso del Registro Único de Información Fiscal para *"cualquier documento, solicitud, trámite, petición o actuación que se presente o realice entre cualquier Ente u Órgano de la Administración Pública, así como en las declaraciones, facturas u otros documentos que presente o emita el sujeto pasivo"*, entre los documentos emitidos por los sujetos obligados se encuentran:

1.- Facturas y comprobante de ventas, prestaciones de servicio o pago: Respecto a las facturas y comprobantes de ventas, el parágrafo primero del artículo 23 establece como requisito para ser aceptados como prueba de costos, que aparezca en la factura el Número del Registro único de información fiscal (RIF) del vendedor, con lo cual, se observa el deber del vendedor de incluir su RIF en el correspondiente documento.

En cuanto a los desgravámenes se establece una condición similar en el parágrafo segundo del artículo 57 al señalar que, para ser aceptados los desgravámenes deberá *"aparecer en el recibo correspondiente el número de Registro de Información Fiscal del beneficiario del pago"*.

Asimismo, señala el artículo 89 de la Ley de Impuesto sobre la Renta el deber de los emisores de *"comprobantes de ventas o prestaciones de servicios realizados en el país"* de incluir su número de Registro único de información fiscal (RIF) en los mismos, como requisito *sine qua non* para su aceptación.

2.- Inscripciones en los diferentes registros señalados *supra*,

3.- Declaraciones ante la Administración tributaria nacional, tanto definitiva como estimada, y

4.- Actuaciones ante la Administración tributaria nacional, referente a ejercicio de recursos, consultas, modificaciones de registros, notificaciones de cese o reinició de actividades económicas, entre otras.

4.- Solicitar a la autoridad competente permisos previos, licencias o habilitaciones

El Deber formal de solicitar a la autoridad competente permisos previos, licencias o habilitaciones, previa disposición de la Ley o reglamentos se encuentra señalado en el literal d) numeral 1 del artículo 155 del Código Orgánico Tributario.

De la lectura del mencionado deber, se observa que, establece un requisito previo e indispensable para la realización de determinadas actividades económicas, si bien es cierto, la Ley de Impuesto sobre la Renta, no señala de manera expresa el deber de solicitar permisos, licencias o habilitaciones para gravar a los sujetos obligados a este tributo, se desprende de las actividades económicas realizadas por determinados sujetos obligados al impuesto el deber de solicitar los referidos permisos para poder ejercer las actividades económicas que proporcionan los enriquecimientos netos que son gravados por esta ley, entre esas actividades se encuentran:

A.- Las actividades económicas relacionadas con la explotación de hidrocarburos y actividades conexas:

Las actividades de hidrocarburo y conexas, se encuentran reguladas en la Ley Orgánica de Hidrocarburos[169], la cual clasifica las referidas actividades en primarias, secundarias y de refinación, señalando para cada una de ellas determinados requisitos previos que condicionan su ejecución, a saber; los sujetos que decidan dedicarse a las actividades económicas de refinería deberán contar con la licencia del Ministerio de Energía y Petróleo y seguir los requisitos establecidos para su obtención en el artículo 13 de la referida ley e inscribirse en el Registro que a tal efecto mantenga el referido Ministerio.

Respecto a las actividades de exploración y explotación consideradas por la Ley como actividades primarias, el legislador se reserva su ejecución solo para empresas nacionales o en su defecto empresas mixtas, en las cuales el Estado tenga más del cincuenta por ciento (50%) del capital societario.

No obstante, en caso que una empresa mixta desee dedicarse a este ramo el artículo 34 de la Ley establece como requisito previo que cuente con la aprobación de la Asamblea Nacional.

En cuanto a las actividades relacionadas con la industrialización de los hidrocarburos refinados, la ley permite que sean ejercidas por empresas públicas o privadas, previa obtención del permiso otorgado por el Ministerio de Energía y Petróleo, cumpliendo los requisitos exigidos en el artículo 53 *eiusdem*, debiéndose inscribir en el Registro que al efecto llevará el Ministerio de Energía y Petróleo.

Finalmente, *"las personas naturales o jurídicas que deseen ejercer las actividades de suministro, almacenamiento, transporte, distribución y expendio de los productos derivados de hidrocarburos, deberán obtener previamente permiso del Ministerio de Energía y Petróleo"*, el cual, estará sujeto a las normas establecidas en la Ley,

---

[169] Publicada en Gaceta Oficial de la República Bolivariana de Venezuela, N° 38.493, de fecha 4 de agosto de 2006.

su Reglamento y las Resoluciones respectivas de acuerdo a lo establecido en el artículo 61 de la Ley Orgánica de Hidrocarburos.

> B.- *Las actividades económicas provenientes de la explotación de minas:*

Las actividades económicas de la minería, en el marco regulatorio minero en Venezuela se encuentran sujetas a diversas normativas, por cuanto, existe un Decreto con Rango y Fuerza de Ley de Minas[170] que regula los derechos mineros y un Decreto con Rango, Valor y Fuerza de Ley Orgánica que Reserva al Estado las Actividades de Explotación y Exploración del Oro y demás Minerales Estratégicos[171], advirtiendo que mediante diferentes Decretos se ha aumentado el número de "*Minerales Estratégicos*".

No obstante, en ambos Decretos se señala el deber para quienes deseen dedicarse a esta actividad económica de solicitar la autorización correspondiente ante el Ministerio del Poder Popular de Desarrollo Minero Ecológico.

Asimismo, la Resolución N° 0010[172], establece en su artículo 2 el deber formal para "*[t]odas aquellas personas naturales o jurídicas, de carácter público o privado, que desarrollen o pretendan ejercer actividades primarias, conexas o auxiliares a la minería*" de inscribirse en el "*Registro Único Minero (RUM)*", señalando el parágrafo primero del referido precepto que "*La inscripción es un requisito indispensable para realizar cualquier trámite o solicitud de autorizaciones, alianzas estratégicas, constitución de empresas*

---

[170] Publicado en Gaceta Oficial de la República de Venezuela, N° 5.382 extraordinario, del 28 de septiembre de 1999.

[171] Publicado en Gaceta Oficial de la República de Venezuela, N° 6.120 extraordinario, del 30 de diciembre de 2015.

[172] Del Ministerio del Poder Popular de Desarrollo Minero Ecológico, publicada en Gaceta Oficial de la República de Bolivariana de Venezuela, N° 41393 del 14 de mayo de 2018.

mixtas, asociación y/o contratos ante el Ministerio del Poder Popular con competencia en materia de minería".

C.- Las actividades económicas relacionadas con el sector bancario o financiero:

Las actividades bancarias o financieras, requieren para su ejercicio dentro del territorio venezolano la autorización previa de la Superintendencia de las Instituciones del Sector Bancario de acuerdo con el artículo 7 del Decreto con Rango, Valor y Fuerza de Ley de Instituciones del Sector Bancario[173].

D.- Las actividades económicas de seguros o reaseguros:

Las actividades de seguros o reaseguros se encuentran reguladas en la Ley de la Actividad Aseguradora[174], la cual en su artículo 3 señala que, solo podrán dedicarse a esta actividad, aquellos sujetos previamente autorizados por la Superintendencia de la Actividad Asegurado, estableciendo el legislador en el referido precepto la siguiente clasificación de sujetos regulados:

1. Las empresas de seguros.

2. Las empresas de reaseguros.

3. Las empresas de medicina prepagada.

4. Las empresas administradoras de riesgos.

5. Las empresas financiadoras de primas o de cuotas.

---

[173] Publicado en la Gaceta Oficial de la República Bolivariana de Venezuela, N° 40.557, de fecha 8 de diciembre de 2014.

[174] Ley de Reforma del Decreto con Rango, Valor y Fuerza de Ley de la Actividad Aseguradora, publicada en la Gaceta Oficial de la República Bolivariana de Venezuela N° 6.770 Extraordinario de fecha 29 de noviembre de 2023, la cual derogo el Derecho con Rango, Valor y Fuerza de Ley de la Actividad Aseguradora publicado en la Gaceta Oficial de la República Bolivariana de Venezuela N° 6.211 Extraordinario de fecha 30 de diciembre de 2015, reimpreso en la Gaceta Oficial de la República Bolivariana de Venezuela N° 6.220 Extraordinario de fecha 15 de marzo de 2016.

6. Los intermediarios de la actividad aseguradora.

7. Las asociaciones cooperativas que realicen actividad aseguradora.

8. Los auxiliares de seguro: Los inspectores de riesgos, los peritos avaladores y los ajustadores de pérdidas en actividades de seguros.

9. Las oficinas de representación o sucursales de empresas de reaseguros extranjeras y las sucursales de sociedades de corretaje de reaseguros del exterior.

Asimismo, continua el referido artículo señalando como sujetos regulados:

[L]os actuarios independientes; los defensores del tomador, asegurado, beneficiario, contratante, usuario y afiliado; los oficiales de cumplimiento[175] y los auditores externos, incluyendo los que ejerzan funciones en materia de activos de información y de administración de riesgos de legitimación de capitales, financiamiento al terrorismo y financiamiento de la proliferación de armas de destrucción masiva.

5.- Presentar las declaraciones correspondientes en los plazos fijados

La presentación de las declaraciones correspondientes en los plazos fijados, en Leyes especiales y reglamentos, es un deber formal que se encuentra tipificado en el literal e), numeral 1° del artículo 155 del Código Orgánico Tributario.

---

[175] Definido por MONTANER FERNÁNDEZ, Raquel como "un delegado de vigilancia del empresario u órgano de administración", en "El criminal compliance desde la perspectiva de la delegación de funciones", *Estudios Penales y Criminológicos*, Vol. XXXV, España, 2015, p. 751.

La declaración, es un concepto amplio que enmarca una gran variedad de actuaciones realizadas por los sujetos obligados a gravamen, pese a ello, dentro del Código Orgánico Tributario este término no posee una definición propiamente dicha, por lo que destaca la definición planteada en la legislación española en el artículo 119 de la Ley 58/2003 General Tributaria que señala en su numeral 1 como declaración tributaria "*todo documento presentado ante la Administración tributaria donde se reconozca o manifieste la realización de cualquier hecho relevante para la aplicación de los tributos*".

De la definición legal planteada, se observa que, la declaración tributaria comprende una actuación desplegada por el sujeto pasivo frente a la Administración tributaria, la cual puede revestir la forma de documento[176] físico, digital, en una plataforma mediante el uso de medios electrónicos, o incluso verbal, siempre y cuando reconozca o manifieste la realización de hechos que revistan importancia para la aplicación de la normativa tributaria.

Al respecto, el referido precepto 119 numeral 1° *eiusdem* continúa señalando que "*[l]a presentación de una declaración no implica aceptación o reconocimiento por el obligado tributario de la procedencia de la obligación tributaria*", vale decir, del pago del tributo.

Respecto a la actuación que encierra la declaración tributaria, el legislador a dispuesto en el artículo 157 del Código Orgánico Tributario que "*Las declaraciones o manifestaciones que se formulen se presumen fiel reflejo de la verdad y comprometen la*

---

[176] En tal sentido el autor ANDARA SUÁREZ, Lenin, ha indicado que el término "documento" empleado en la definición legal del artículo 119 de la Ley 8/2003 General Tributaria ha sido objetado por considerar de manera explícita la forma del acto, por cuanto "se mezcla el continente con el contenido del acto" véase: "La autoliquidación: declaración de las operaciones económicas realizadas por los particulares", en *Revista del Instituto Colombiano de Derecho Tributario*, N° 77, Instituto de Derecho Colombiano, Colombia, 2017, p. 78.

responsabilidad de quienes las suscriban, sin perjuicio de lo dispuesto en el artículo 86 de este Código", el cual se refiere a la responsabilidad en el ejercicio de sus funciones que poseen el mandatario, representante, administrador, síndico, encargado o dependiente.

Asimismo, continua el precepto señalando que *"[i]ncurren en responsabilidad, conforme a lo previsto en el artículo 128 de este Código, los profesionales que emitan dictámenes técnicos o científicos en contradicción con las leyes, normas o principios que regulen el ejercicio de su profesión o ciencia"*.

De las consideraciones expuestas y que rodean a la declaración tributaria, se desprende que, las actuaciones desplegadas por los sujetos obligados son indeterminadas y responden a las operaciones económicas y leyes especiales tributarias a las que se encuentren sujetos, por lo que, se centrara este análisis a aquellas declaraciones que tienen a bien presentar los obligados tributarios con respecto a la imposición sobre la renta.

Del precepto citado *supra* se observa que, la manifestación realizada por el sujeto obligado ante la Administración tributaria nacional es considerada por esta como un *"fiel reflejo de la verdad"*, *so pena* de las sanciones que puedan originarse tanto para el sujeto obligado como para los terceros que las suscriban o contribuyan, mediante su concurso, a la presentación de las mismas.

De la presunción *iuris tantum* establecida por el legislador se observa que, el sujeto obligado a la presentación de la declaración tributaria para reflejar la verdad necesariamente tendrá que realizar un conjunto de operaciones económicas y de recopilación de resultados que le permitan materializar la *"verdad fiscal"* que será presentada ante la Administración tributaria nacional en los plazos y condiciones fijadas en la normativa tributaria.

Retomando el artículo 157 del Código Orgánico Tributario se aprecia que, el legislador señala en su Apartado único que las declaraciones *"y manifestaciones se tendrán como definitivas aun cuando puedan ser modificadas espontáneamente, siempre y cuando no se hubiere iniciado el procedimiento de fiscalización y determinación previsto en este Código y, sin perjuicio de"* las demás facultades concedidas a Administración tributaria, así como de la *"aplicación de las sanciones que correspondan, si tal modificación ha sido hecha a raíz de denuncias u observación de la Administración"*, limitando esta posibilidad en su parte ínfima lo cual será desarrollado *infra* al tratarse los tipos de declaraciones.

Autoliquidación

El deber formal de declarar a la Administración tributaria las rentas obtenidas por el sujeto pasivo, trae consigo el hecho cierto que este coloque en conocimiento al ente acreedor de los diferentes conceptos analizados en el Capítulo II del presente estudio, relacionados a la fórmula para determinar el tributo.

Esta actuación, desplegada por el sujeto obligado a la imposición sobre la renta, se perfecciona a través de la autoliquidación[177], la cual ha sido definida como *"el tipo de declaración en la que un obligado tributario pone en conocimiento de la Administración tributaria las operaciones económicas realizadas durante un período específico, debidamente cuantificadas, determinando por sí mismo la o las obligaciones tributarias, o las cantidades que le son favorables, o a los fines de control administrativo"*[178].

---

[177] La Resolución N° 904, publicada en Gaceta Oficial de la República Bolivariana de Venezuela N° 322.934, de fecha 21 de marzo de 2002, señala para los sujetos obligados a la imposición sobre la renta el deber de realizar la autoliquidación.
[178] ANDARA SUÁREZ, Lenin. "El concepto de la autoliquidación en la aplicación de los tributos", en *Revista del Instituto Colombiano de Derecho Tributario*, N° 78, Colombia, 2018, p. 45.

Aspectos Generales y Deberes Formales de la Imposición a la Renta en Venezuela

La realización de la autoliquidación del tributo, supone en cabeza del sujeto pasivo, el conocimiento de los hechos que soportan su declaración, así como, en muchos casos del derecho, visto que, involucra un juicio "por parte del declarante, respectó del encuadramiento en las normas de los hechos verificados en la realidad concreta como también otros juicios del mismo declarante respecto de la atribución de valores según las pautas legales, por lo que, las declaraciones presentadas por el sujeto pasivo puede adolecer de errores de hecho y de derecho, los cuales pueden ser como vimos *supra* corregidos por el propio declarante "sin perjuicio de las sanciones que la anterior declaración, inexacta puede acarrearle"[179].

Entre los juicios de hecho y de derecho, que devienen de las operaciones económicas realizadas por el sujeto obligado a la autoliquidación para reflejar su *"fiel reflejo de la verdad fiscal"* pueden darse los siguientes resultados:

1.- Que las operaciones económicas declaradas representen "un hecho que está exento o exonerado" [180], por encontrarse el sujeto pasivo sujeto a un beneficio fiscal,

2.- Que las operaciones declaradas representen "un hecho que está parcialmente exento o exonerado" [181], con lo cual, deberá tributar únicamente por las operaciones gravadas,

3.- Que las operaciones económicas declaradas configuren "un hecho gravado" [182], dando origen así a la obligación tributaria,

4.- Que las operaciones económicas declaradas reflejen "que la obligación tributaria ya ha sido pagada" [183], de manera parcial o total por haber sido el sujeto pasivo objeto de retenciones a lo largo del ejercicio fiscal, y

---

[179] JARACH, Dino: *Finanzas...*, cit., p. 426.
[180] ANDARA SUÁREZ, Lenin. "La autoliquidación..., cit, pp. 86-87.
[181] Ídem, pp. 86-87.
[182] Ídem, pp. 86-87.
[183] Ídem, pp. 86-87.

5.- Que las operaciones económicas declaradas no constituyan "la realización de un hecho imponible"[184], que genere la obligación tributaria.

No obstante, para llegar a los resultados operativos descritos el sujeto pasivo, necesariamente ha debido hacer uso de los deberes formales analizados en el presente Capítulo, conocer la normativa tributaria o haber sido asesorado por profesionales contables y jurídicos.

Declaraciones tributarias del Impuesto sobre la renta

Las declaraciones tributarias aplicables a la imposición sobre la renta, se encuentran clasificadas en el artículo 133 del Reglamento de la Ley de Impuesto sobre la Renta, el cual señala que, los contribuyentes y responsables deberán presentar cuatro (4) tipos de declaraciones a saber:

A.- *"Declaración Definitiva de Rentas"*, y según sea el caso:

B.- *"Declaración Estimada de Rentas"*,

C.- *"Declaraciones sustitutivas"*, o

D.- *"Declaración Informativa"*.

Pasemos a analizar cada una de ellas:

A.- Declaración Definitiva de Rentas

La Ley de Impuesto sobre la Renta, desarrolla en su Título VI denominado *"De la Declaración Liquidación y Recaudación del Impuesto"*, Capítulo I denominado *"De la Declaración Definitiva"*, lo concerniente a la declaración tributaria definitiva, señalando en sus artículos 77, 78 y 79 el deber para los sujetos obligados de declarar ante la Administración tributaria nacional, en los plazos y formas

---

[184] Ídem, pp. 86-87.

ASPECTOS GENERALES Y DEBERES FORMALES DE LA IMPOSICIÓN A LA RENTA EN VENEZUELA

prescritos en su Reglamento, los enriquecimientos globales o ingresos brutos obtenidos en el año gravable, discriminando tal deber en atención al tipo de sujeto, su residencia o domicilio, las actividades económicas realizadas y los ingresos o enriquecimientos por ellos obtenidos.

En tal sentido, dispone el referido precepto que:

1.- Las personas naturales residenciadas y sus asimiladas que *"obtengan un enriquecimiento global neto anual superior a mil unidades tributarias (1.000 U.T.) o ingresos brutos mayores de mil quinientas unidades tributarias (1.500 U.T.) deberán declararlos bajo juramento"* ante la Administración tributaria nacional, sus funcionarios u oficinas.

2.- Las personas naturales que *"se dediquen exclusivamente a la realización de actividades agrícolas, pecuarias, pesqueras o piscícolas a nivel primario*[185] *y obtengan ingresos brutos mayores de dos mil seiscientas veinticinco unidades tributarias (2.625 U.T.)"*, tienen el deber de declarar sus ingresos bajo juramento ante la Administración tributaria nacional, sus funcionarios u oficinas.

3.- *Las compañías anónimas y sus asimiladas "deberán presentar declaración anual de sus enriquecimientos o pérdidas, cualquiera sea el monto de los mismos"*.

4.- Los cónyuges no separados de bienes[186] *"deberán declarar conjuntamente sus enriquecimientos, aun cuando posean rentas de bienes propios que administren por separado. Los cónyuges separados de bienes por capitulaciones matrimoniales, sentencia o*

---

[185] Las referidas actividades son definidas en el Parágrafo único del artículo 77 de la Ley de Impuesto sobre la Renta como aquellas que *"provengan de la explotación directa del suelo o de la cría y las que se deriven de la elaboración complementaria de los productos que obtenga el agricultor o el criador, realizadas en el propio fundo, salvo la elaboración de alcoholes y bebidas alcohólicas y de productos derivados de la actividad pesquera"*.

[186] Salvo que la mujer casada opte por declarar por separado sus enriquecimientos en un todo de acuerdo con el artículo 54 de la Ley de Impuesto sobre la Renta.

148

declaración judicial declararan por separado todos sus enriquecimientos".

5.- Las personas naturales no residentes en el país *"deberán presentar declaración de rentas cualquiera sea el monto de sus enriquecimientos o pérdidas obtenidos en la República Bolivariana de Venezuela, de acuerdo con lo que establezca el Reglamento".*

La declaración jurada, ha sido definida como un "acto que manifiesta el saber, y la voluntad de cumplir una obligación", por parte del sujeto obligado "sin eficacia definitoria de la obligación sustancial. Su finalidad consiste en colaborar con la administración, haciéndole saber el conocimiento y la voluntad del obligado de extinguir, una determinada obligación" [187].

Como se indicó *supra,* este acto por parte del sujeto obligado, acarrea la aplicación de la normativa tributaria y un conjunto de operaciones económicas, legales y de recopilación de información que soporten los hechos presentados por el sujeto a través de la autoliquidación.

Las operaciones que tiene a bien realizar el sujeto obligado, de acuerdo al artículo 85 de la Ley de Impuesto sobre la Renta se encuentran relacionadas con *"determinar sus enriquecimientos, calcular los impuestos correspondientes y proceder a su pago de una sola vez ante las Oficinas Receptoras de Fondos Nacionales, en la forma y oportunidad que establezca el Reglamento".*

En relación a la forma en la cual se podrá proceder a la determinación, calculo y pago del tributo, el artículo 82 *eiusdem* establece para el Ministerio de Finanzas la potestad de ordenar a determinados contribuyentes que determinen, calculen y paguen el tributo sobre la renta mediante el procedimiento de autoliquidación comentado *supra.*

---

[187] JARACH, Dino: *Finanzas...*, cit., p. 429.

En tal sentido, la Resolución N° 904 en su artículo 1 señala que, los contribuyentes sujetos al impuesto sobre la renta, por disponerlo así el artículo 7 de la Ley de Impuesto sobre la Renta y los sujetos descritos en el artículo 40 del Código Orgánico Tributario, vale decir, los sujetos calificados por la Administración tributaria como "*especiales*", que de conformidad a los artículos 80, 81, 82 y 83 de la Ley de Impuesto sobre la Renta, estén "*obligados a presentar declaración definitiva o estimada, deberán determinar sus enriquecimientos, autoliquidar el impuesto y pagarlo*".

Ahora bien, mencionado deber, ha sido objeto de cambios atendiendo a las tecnologías de la información y la comunicación, en un todo de acuerdo con la facultad establecida en el artículo 135 del Código Orgánico Tributario que dispone que "*La Administración Tributaria podrá utilizar medios electrónicos o magnéticos para recibir, notificar e intercambiar documentos, declaraciones, pagos o actos administrativos y en general cualquier información (...)*".

Asimismo, dispone el artículo 136 del Reglamento de la Ley de Impuesto sobre la Renta, en su Apartado único que "*la Administración Tributaria podrá autorizar la presentación de las declaraciones*" definitivas, estimadas, sustitutivas e informativas "*en forma electrónica, óptica o magnética, en los formularios editados y autorizados para tales fines por la Administración Tributaria*", siempre que, a tal efecto, "*la Administración Tributaria mediante resolución establezca las condiciones y requisitos*" para su presentación.

En ese sentido, se dictó la Providencia Administrativa N° 0034[188] la cual establece en su artículo 1 el deber de presentar la declaración

---

[188] Publicada en Gaceta Oficial de la República Bolivariana de Venezuela, N° 40.207 del 15 de julio de 2013. No obstante, es necesario indicar que, este deber ya había sido establecido para el caso de las personas naturales: siempre que fueren funcionarios o trabajadores al servicio de la Administración Pública y obtuvieren enriquecimientos netos superiores a mil unidades tributarias (1.000 U.T.) en el año 2005 a través de la Providencia Administrativa N 0949 del 31 de octubre

JORGE E. MELEÁN BRITO

definitiva y las sustitutivas de manera electrónica para los sujetos pasivos, señalando el artículo 146 del Reglamento de la Ley de Impuesto sobre la Renta que, referida presentación se realizará *"dentro de los tres (3) meses siguientes a la terminación del ejercicio gravable del contribuyente, ello sin perjuicio de las prórrogas que otorgue la Administración Tributaria"*, señalando el artículo 1 de la Providencia Administrativa N° 1.697[189] que, el tributo podrá ser pago en una (01), dos (02) y hasta tres (03) porciones, con una diferencia entre porciones de veinte días, siendo el caso que, la división entre porciones será equitativa, de no ser exacta la diferencia entre las mismas será pagada en la primera porción.

B.- Declaración Estimada de Rentas

La Declaración Estimada de Rentas, es un deber formal establecido para cierto tipo de contribuyentes, que de acuerdo a sus enriquecimientos netos o la actividad económica que realicen, deben pagar el tributo "en forma anticipada"[190] dentro del año gravable en curso, siguiendo los plazos, términos y demás condiciones establecidas por la Administración tributaria nacional, la Ley de Impuesto sobre la Renta y las diversas normas que la desarrollan.

La referida declaración, se encuentra señalada en el Título VI denominado *"De la Declaración Liquidación y Recaudación del Impuesto"* Capítulo II denominado *"De la Declaración Estimada"* de

---

de 2005, publicada en la Gaceta Oficial de la República Bolivariana de Venezuela N' 38.319 del 22 de noviembre de 2005. Asimismo, se estableció para el caso de los sujetos pasivos en la Providencia Administrativa 0103 de fecha 30 de octubre de 2009, publicada en la Gaceta Oficial N° 39.296 y para los sujetos pasivos calificados como especiales para el año 2009 ya debían presentar sus declaraciones de rentas definitivas y sus sustitutivas de manera electrónica en atención a la Providencia Administrativa 0034, Gaceta Oficial 39.269 de fecha 05 de mayo de 2009.

[189] Publicada en la Gaceta Oficial de la República Bolivariana de Venezuela, N° 37.660, el 28 de marzo de 2003.
[190] Glosario de términos del SENIAT

la Ley de Impuesto sobre la Renta, específicamente en su artículo 80.

El término *"estimada"*, empleado por el legislador para definir este tipo de declaración, no debe ser asociado con el empleo de cifras inciertas o indeterminadas, sino por el contrario, mencionada declaración de acuerdo con el contenido del artículo 80 de la Ley de Impuesto sobre la Renta, debe tomar como *"base los datos de la declaración definitiva de los ejercicios anteriores"*, siendo obligados a este deber tanto las personas naturales como jurídicas que en el ejercicio inmediatamente anterior obtuvieren enriquecimientos netos superiores a mil quinientas unidades tributarias (1.500 U.T.), debiendo ser presentada siguiendo las condiciones establecidas en el Reglamento de la Ley.

Asimismo, el Reglamento de la Ley de Impuesto sobre la Renta, en su Título IV denominado *"De la Declaración, Liquidación y Recaudación del Impuesto"*, Capítulo I, denominado *"De las Declaraciones"* en su Sección III denominada *"De la Determinación de Anticipos"*, señala en sus artículos 156 y 158 una clasificación de contribuyentes, de acuerdo al enriquecimiento neto obtenido y a razón de sus actividades económicas, a saber, se encuentran sujetos a esta declaración:

1.- Los contribuyentes que hayan obtenido enriquecimientos netos superiores a mil quinientas unidades tributarias (1.500 U.T.), siempre que, sean personas naturales y jurídicas clasificadas en los literales "a", "b", "c", "e" y "f" del artículo 7 de la Ley de impuesto sobre la renta, y los mismos sean distintos a la *"explotación de minas, hidrocarburos y conexas, y no sean perceptores de regalías derivadas de dichas explotaciones, ni se dediquen a la compra o adquisición de minerales o hidrocarburos y sus derivados para la explotación"* en el año gravable anterior al ejercicio en curso.

En el caso de personas naturales, de acuerdo al parágrafo único del artículo 156 deberán presentar determinar el anticipo de impuesto, solo cuando los enriquecimientos netos gravables sean por actividades mercantiles o crediticias, libre ejercicio de su profesión no mercantiles, por el arrendamiento o subarrendamiento de bienes muebles o inmuebles o por la participación en las utilidades netas de las sociedades de personas o comunidades no sujetas a impuesto sobre la renta.

En caso de ingresos mixtos, solo realizara el anticipo por los enriquecimientos descritos *supra*. Asimismo, las sociedades de personas o comunidades se encuentran exceptuadas de realizar los anticipos cuando sus enriquecimientos sean gravables en cabeza de sus socios o comuneros.

La presentación de la Declaración Estimada de rentas de los contribuyentes analizados se realizada de acuerdo al artículo 1 de la Providencia Administrativa N° 0063[191] en la segunda quincena del sexto mes del ejercicio fiscal, empleando como base para su cálculo el ochenta por ciento (80%) del enriquecimiento global neto correspondiente al año inmediato anterior[192].

En tal sentido, el referido precepto señala la opción para el contribuyente de pagar el impuesto en una sola porción o en seis porciones, debiendo pagar la primera porción con la presentación de la Declaración.

Ahora bien, si la división entre porciones no es exacta, su diferencia será pagada en la primera porción, debiéndose pagar por concepto de anticipo de impuesto solo el setenta y cinco por ciento (75%) del monto de impuesto resultante[193].

2.- Los contribuyentes que hayan obtenido enriquecimientos netos superiores a mil unidades tributarias (1.000 U.T.), que reúnen

---

[191] Publicada en la Gaceta Oficial de la República Bolivariana de Venezuela, N° 37.877 del 11 de febrero de 2004.
[192] Artículo 156 del Reglamento de la Ley de Impuesto sobre la Renta.
[193] Artículo 164 del Reglamento de la Ley de Impuesto sobre la Renta.

ASPECTOS GENERALES Y DEBERES FORMALES DE LA IMPOSICIÓN A LA
RENTA EN VENEZUELA

los extremos indicados *supra* cuando su ejercicio inmediato anterior haya sido menor a un año, siguiendo las condiciones de base de cálculo y pago señaladas que a ellos corresponda o siempre que sean personas naturales y jurídicas clasificadas en el literal "d" del artículo 7 de la Ley de impuesto sobre la renta y sus ingresos sean por la *"explotación de minas, hidrocarburos y conexas, y no sean perceptores de regalías derivadas de dichas explotaciones, ni se dediquen a la compra o adquisición de minerales o hidrocarburos y sus derivados para la explotación"* en el año gravable anterior al ejercicio en curso.

Los contribuyentes clasificados en el literal "d" del artículo 7 de la Ley de impuesto sobre la renta que, se dediquen a las actividades económicas señaladas *supra* les corresponde presentar la Declaración estimada de rentas de acuerdo al artículo 2 de la Providencia Administrativa N° 0063 dentro de los *"cuarenta y cinco (45) días siguientes al cierre del ejercicio fiscal"*, vale decir, dentro de los 45 días de inicio del nuevo ejercicio fiscal, empleando como base de cálculo el ochenta por ciento (80%) del enriquecimiento global neto correspondiente al año inmediato anterior[194].

Señalando el referido precepto que, el impuesto resultante deberá ser pagado en doce (12) porciones, de iguales montos, mensuales y consecutivas, de no ser exacta se pagará la diferencia en la primera porción.

La primera porción del impuesto a diferencia de la analizada *supra* deberá ser pagada dentro de los catorce (14) días siguientes al vencimiento del plazo para la presentación de la Declaración estimada, vale decir, una vez vencido los cuarenta y cinco (45) días.

Asimismo, establece el artículo 2 de la Providencia Administrativa N° 0063 que las siguientes once (11) porciones, serán

---

[194] Artículo 158 del Reglamento de la Ley de Impuesto sobre la Renta.

154

pagadas dentro de los diez (10) últimos días de cada uno de los once (11) meses subsiguientes al vencimiento del plazo fijado para el pago de la primera porción, coincidiendo el pago de la última porción con el primer mes del ejercicio gravable siguiente.

Con lo cual, se garantiza una entrada recurrente de ingresos al tesoro nacional, sin que tenga opción el contribuyente de pagar todo el anticipo en una sola porción, debiendo el contribuyente pagar por concepto de anticipo *"el saldo que resulte de rebajar del noventa y seis por ciento (96%) del monto del impuesto derivado de la declaración estimada (...) el total de los impuestos que le hayan retenidos hasta el mes anterior al del plazo para presentar la declaración"*[195].

C.- Declaración sustitutiva

La Declaración Sustitutiva, a diferencia de las declaraciones anteriores, es un tipo de declaración que establece el legislador con la finalidad de permitir al sujeto pasivo modificar de manera espontánea la declaración presentada ante la Administración tributaria nacional.

No obstante, la misma solo puede presentarse siempre y cuando no se hubiere iniciado un procedimiento de fiscalización y determinación relacionado con la declaración que se pretende modificar.

La referida modificación, que da origen a lo que se conoce como Declaración sustitutiva, concedida a los sujetos pasivos por el legislador no es absoluta, sino que se encuentran limitada, señalando la parte *in fine* del Aparta único del artículo 157 del Código Orgánico Tributario que *"la presentación de dos (2) o más declaraciones sustitutivas, o la presentación de la primera declaración sustitutiva*

---

[195] Artículo 164 del Reglamento de la Ley de Impuesto sobre la Renta.

después de los doce (12) meses siguientes al vencimiento del plazo para la presentación de la declaración sustituida, dará lugar a la sanción" del artículo 103 *eiusdem*, referente a la inhabilitación profesional de cinco (5) a diez (10) años para quienes presten su concurso para la comisión de ilícitos penales tributarios.

Respecto a las limitaciones mencionadas *supra* el parágrafo único del artículo 157 del Código Orgánico Tributario establece tres causales que impiden que opere, a saber:

1.- *"Cuando en la nueva declaración se disminuyan sus costos, deducciones o pérdidas o reduzcan las cantidades acreditables"*, lo cual permite que, se acrecenté la obligación tributaria si la hubiere, razón que podría justificar su inclusión,

2.- *"Cuando la presentación de la declaración que modifica la original se establezca como obligación por disposición expresa de la ley"*, y

3.- *"Cuando la sustitución de la declaración se realice en virtud de las observaciones efectuadas por la Administración tributaria"* nacional.

En relación a este tipo de Declaración el artículo 147 del Reglamento de la Ley de Impuesto sobre la Renta señala que *"Las declaraciones de enriquecimientos presentadas podrán ser sustituidas o complementadas por los contribuyentes o responsables, en los términos señalados en el Código Orgánico Tributario"*.

No obstante, continua el legislador señalando que *"en los casos en que dichas declaraciones señalen enriquecimientos menores a los originalmente acusados, la Administración Tributaria deberá aceptarlas y proceder a su verificación"*, estableciendo en este caso el deber para la Administración tributaria de verificar la *"verdad reflejada"* por el sujeto pasivo en su declaración.

D.- Declaración Informativa

La Declaración Informativa, es un deber formal establecido para aquellos sujetos pasivos que, son favorecidos con algún beneficio fiscal del impuesto sobre la renta, se trata de una "declaración jurada realizada por el sujeto pasivo en la que se suministra información o datos, necesarios para el ejercicio del control fiscal"[196].

Este deber, se encuentra tipificada en el artículo 87 de la Ley de Impuesto sobre la Renta que dispone *"Para fines de control fiscal, la Administración Tributaria podrá exigir mediante Providencia Administrativa, que los beneficiarios de alguna de las exenciones previstas en el artículo 14 de"* la Ley de Impuesto sobre la Renta *"presenten declaración jurada anual de los enriquecimientos exentos, por ante el funcionario u oficina y en los plazos y formas que determine la misma".*

Continua el referido precepto señalando el deber para la Administración tributaria de *"verificar periódicamente el cumplimiento de las condiciones que dan derecho a las exenciones establecidas en el mencionado artículo 14"* eiusdem.

Además de los sujetos pasivos beneficiados por las exenciones del artículo 14 de la Ley de Impuesto sobre la Renta, el marco regulatorio venezolano ha establecido este deber para otros sujetos, señalando el Decreto N° 3.920[197] mediante el cual se *"exonera del pago del Impuesto Sobre la Renta, los enriquecimientos netos de fuente venezolana provenientes de la explotación primaria de las actividades agrícolas, en los sub-sectores vegetal, pecuario, forestal, pesquero y acuícola"* de aquellas personas que se registren como

---

[196] Glosario de términos del SENIAT
[197] Publicado en Gaceta Oficial de la República Bolivariana de Venezuela, N° 41.678 de fecha 19 de julio de 2019.

beneficiarios ante el Servicio Nacional Integrado de Administración Aduanera y Tributaria (SENIAT).

Asimismo, el referido Decreto señala en su artículo 5 numeral 2° que los beneficiarios de la exoneración deberán *"presentar una declaración jurada anual de las inversiones efectuadas y monto del impuesto exonerado invertido en cada ejercicio fiscal finalizado, así como de las inversiones a efectuar y monto del impuesto a invertir en el ejercicio fiscal siguiente"*.

En ese orden de ideas, establece la Ley de Impuesto sobre la Renta, con relación a los sujetos pasivos que perciban ingresos provenientes de jurisdicciones de baja imposición fiscal, el deber de presentar junto a su declaración definitiva en un todo de acuerdo con el artículo 105 de la referida ley una declaración informativa[198] sobre *"las inversiones que durante el ejercicio hayan realizado o mantengan en jurisdicciones de baja imposición fiscal[199], acompañando los estados de cuenta por depósitos, inversiones, ahorros o cualquier otro documento que respalde la inversión"*.

6.- Emitir los documentos exigidos por la ley

La emisión de documentos exigidos por las leyes tributarias en cumplimiento de sus requisitos y formalidades, es un deber formal establecido en el numeral 2° del artículo 155 del Código Orgánico Tributario, dentro de este criterio de documentos se encuentra la emisión de comprobantes que soporten las ventas o prestaciones de servicios.

---

[198] La Providencia Administrativa N° 0023 de fecha 16 de abril de 2010, publicada en Gaceta Oficial de la República Bolivariana de Venezuela N° 39.407 de fecha 21 de abril de 2010 regula la presentación de la declaración informativa de las inversiones efectuadas o mantenidas en jurisdicciones de baja imposición fiscal.
[199] Providencia Administrativa N° 0232, Gaceta Oficial de la República Bolivariana de Venezuela, N° 37.924 del 26 de abril de 2004, señala aquellas jurisdicciones consideradas como de baja imposición fiscal.

Este requisito se encuentra tipificado en diferentes preceptos de la Ley de Impuesto sobre la Renta, relacionados con los requisitos para que sean admitidos los costos, deducciones, desgravámenes, así como para comprobar la obtención de ingresos.

Ahora bien, con la finalidad que los referidos comprobantes sean admitidos, el contribuyente tendrá que dar cumplimiento con los requisitos señalados en el artículo 89 de la Ley de Impuesto sobre la Renta, el cual dispone que *"deberán cumplir con los requisitos de facturación establecidos por la Administración Tributaria, incluyendo en los mismos su número de Registro de Información Fiscal. A todos los efectos previstos"* en la presente ley *"sólo se aceptarán estos comprobantes como prueba de haberse efectuado el desembolso, cuando aparezca en ellos el número de Registro de Información Fiscal del emisor y sean emitidos de acuerdo a la normativa sobre facturación establecida por la Administración Tributaria"*.

Respecto a la normativa de facturación a la que hace mención el referido precepto, la Administración tributaria nacional en el año 2011 dictó la Providencia Administrativa N° 0071[200] que establece las *"Normas generales de emisión de facturas y otros documentos"*, que tiene por objeto según su artículo 1 *"establecer las normas que rigen la emisión de facturas, órdenes de entrega o guías de despacho, notas de débito y notas de crédito, de conformidad con la normativa que regula la tributación nacional atribuida al Servicio Nacional Integrado de Administración Aduanera y Tributaria (SENIAT)"*.

Entre los medios de emisión contemplados en la Providencia Administrativa N° 0071, ésta en su artículo 6 señala los siguientes:

1.- *"Sobre formatos elaborados por imprentas autorizadas por*

---

[200] Publicada en Gaceta Oficial de la República Bolivariana de Venezuela, N° 37.795 de fecha 08 de noviembre de 2011.

el *Servicio Nacional Integrado de Administración Aduanera y Tributaria (SENIAT)*,

2.- *"Sobre formas libres elaboradas por imprentas autorizadas por el Servicio Nacional Integrado de Administración Aduanera y Tributaria (SENIAT). En ningún caso, las facturas y otros documentos podrán emitirse manualmente sobre formas libres"*, y

3.- *"Mediante Máquinas Fiscales"*, en atención a los medios referidos, la Administración tributaria dictó la Providencia Administrativa N° SNAT72018/0141[201] que establece las *"Normas Relativas a Imprentas y Máquinas Fiscales para la Elaboración de Facturas y otros Documentos"*.

Asimismo, la Providencia Administrativa N° 0071 desde el artículo 14 hasta el artículo 19, ambos inclusive, establece los diferentes requisitos que deben contemplar las facturas en atención a la categoría de contribuyentes que se trate y el tipo de medio por el cual los mismos decidan emitir las respectivas facturas.

7.- Exhibir y conservar los libros, registros especiales y demás documentos que soporten las operaciones en forma debida

Exhibir y conservar los libros, registros especiales y demás documentos que soporten las operaciones económicas que constituyan hechos imponibles en forma debida, es un deber formal señalado en el numeral 3° del artículo 155 del Código Orgánico Tributario.

Este deber, se encuentra dirigido a permitir los controles por parte de la Administración tributaria en desarrollo de sus facultades, en

---

[201] Publicada en la Gaceta Oficial de la República Bolivariana de Venezuela, N° 41.518, publicada el 6 de noviembre de 2018.

aplicación de los diferentes procedimientos señalados en el referido Código.

No obstante, este deber formal de conservación, se encuentra condicionado en el tiempo, limitándolo el legislador a *"mientras el tributo no este prescrito"* de acuerdo al referido numeral 3°.

La prescripción, es un medio de extinción de las obligaciones, entre las que se encuentra la obligación tributaria, el referido medio de extinción en la medida que ha sido reformado el Código Orgánico Tributario ha sido objeto de considerables cambios, estableciendo el legislador en el artículo 55 *eiusdem* que prescriben a los seis (06):

1.- *"La acción para verificar, fiscalizar y determinar la obligación tributaria con sus accesorios"*,

2.- *"La acción para imponer sanciones tributarias, distintas a las penas restrictivas de la libertad"*,

3.- *"La acción para exigir el pago de las deudas tributarias y de las sanciones pecuniarias definitivamente firmes"*, y

4.- *"El derecho a la recuperación de impuestos y a la devolución de pagos indebidos"*.

Señalando el referido Código en su artículo 56 que, las acciones contempladas *supra* prescribirán a los diez (10) años cuando el sujeto pasivo incumpla con los deberes de:

A.- Declarar el tributo,

B.- Inscribirse en los registros especiales; tal como el registro de control de activos o

C.- Llevar la contabilidad o registros de las operaciones efectuadas.

Asimismo, dará lugar al incremento de la prescripción que el sujeto pasivo haya *"extraído del país los bienes afectos al pago de la obligación tributaria o se trate de hechos imponibles vinculados a actos realizados o a bienes ubicados en el exterior"* o que la

Administración tributaria nacional "*no haya podido conocer el hecho imponible, en los casos de verificación, fiscalización y determinación de oficio*".

Con lo cual, se aprecia que, el correcto cumplimiento de los deberes formales, por parte del sujeto pasivo, no solo contribuye a un mejor control fiscal por parte de la Administración tributaria nacional, sino que, en este caso permite gozar de la prescripción de seis (6) años, lo que ocasiona al sujeto obligado un ahorro operativo, debido a que, no tendría razón de exhibir y conservar por más de seis (06) años los elementos aquí mencionados.

8.- Contribuir con las inspecciones y fiscalizaciones autorizadas por la Administración tributaria

Contribuir con las inspecciones y fiscalizaciones autorizadas por la Administración tributaria nacional, es un deber formal establecido en el numeral 4 del artículo 155 del Código Orgánico Tributario, en el cual se aprecia el deber de colaboración que debe prestar el sujeto pasivo a los funcionarios que sean autorizados por la Administración tributaria nacional para practicar el procedimiento de fiscalización y determinación.

En ese sentido, es importante advertir que, la referida autorización por la cual actúa el funcionario a nombre de la Administración tributaria nacional, es una Providencia Administrativa Tributaria, la cual debe reunir los requisitos indicados en el artículo 188 del Código Orgánico Tributaria, a saber, debe indicar:

1.- Domicilio del sujeto pasivo,
2.- Nombre del sujeto pasivo,
3.- Tributo que se pretende fiscalizar,
4.- Período,

JORGE E. MELEÁN BRITO

5.- Elementos constitutivos de la base imponible, y
6.- Identificación de los funcionarios.

Asimismo, señala el artículo 155 numeral 4° que, las fiscalizaciones o inspecciones podrán realizarse en *"cualquier lugar, establecimientos comerciales o industriales, oficinas, depósitos, buques, aeronaves y otros medios de transporte"*.

9.- Exhibir documentos requeridos en las oficinas o ante funcionarios autorizados

Exhibir los documentos requeridos por la ley en las oficinas o ante los funcionarios autorizados por la Administración tributaria nacional, es un deber formal establecido en el numeral 5° del artículo 155 del Código Orgánico Tributario.

En relación a los documentos a exhibir el referido precepto señala que, serán *"las declaraciones, informes, documentos, comprobantes de legítima procedencia de mercancía, relacionadas con hechos imponibles"* lo cual se encuentra concatenado con el numeral 3° del referido precepto, identificado como deber formal número 7 en el presente análisis.

Continua el numeral 5° del artículo 155 *eiusdem* señalando que, los sujetos pasivos en atención a este deber tienen la obligación de *"realizar las aclaraciones que les fueren solicitadas"* por los funcionarios autorizados por la Administración tributaria nacional, en los procedimientos que realicen, recordando como se indicó *supra* que la respectiva autorización debe constar en una Providencia Administrativa tributaria la cual debe ser notificada al sujeto pasivo.

En relación a este deber formal, el artículo 95 de la Ley de Impuesto sobre la Renta señala para los contribuyentes que se dediquen a actividades:

A.- Comerciales

B.- Industriales

C.- Prestadoras de servicio,

D.- Agrícolas o pecuarias; siempre que operen bajo formas societarias, o

E.- Sean titulares de enriquecimientos provenientes del ejercicio de libre de su profesión, sin encontrarse bajo relación de dependencia.

De exhibir en el *"lugar más visible de su establecimiento, oficina, escritorio, consultorio o clínica, el comprobante numerado, fechado y sellado por la Administración respectiva, de haber presentado la declaración de rentas del año inmediatamente anterior al ejercicio en curso"*.

Asimismo, señala el Parágrafo Único del artículo 95 de la ley *in comento* que, en el caso que los contribuyentes contraten con la Administración Pública, deberán *"presentar las declaraciones correspondientes a los últimos cuatro (4) ejercicios, para hacer efectivos los pagos provenientes de dichos contratos"*, estableciendo este deber formal un carácter contractual para el contribuyente frente la Administración Pública, *so pena* de no recibir los pagos correspondientes.

10.- Comunicar cambios a la Administración tributaria nacional

El sujeto pasivo del impuesto sobre la renta tiene el deber formal de comunicar, a la Administración tributaria nacional, cualquier cambio que pueda dar *"lugar a la alteración de su responsabilidad tributaria, especialmente cuando se trate del inicio o término"* de sus actividades.

Este deber formal se encuentra señalado en el artículo 155 numeral 6° del Código Orgánico Tributario. Asimismo, del contenido del artículo 35 *eiusdem* se aprecia que, el legislador ha prestado

JORGE E. MELEÁN BRITO

especial atención a determinados aspectos que inciden y facilitan sus competencias de control, estableciendo el referido precepto como obligación para los sujetos pasivos informar a la Administración tributaria nacional los cambios de:

1.- *"Directores, administradores, razón o denominación social de la entidad"*,

2.- *"Cambio de domicilio"*,

3.- *"Cambio de la actividad principal"*, y

4.- *"Cesación, suspensión o paralización de la actividad económica habitual del contribuyente"*.

Para la presentación de los referidos cambios, el sujeto pasivo dispone del plazo máximo de un (01) mes de producido el mismo.

Con relación a este deber de comunicar los cambios a la Administración tributaria nacional, el artículo 97 de la Ley de Impuesto sobre la Renta señala que, tanto las personas naturales que cambien de residencia o domicilio como las personas jurídicas que cambien de sede social, establecimiento principal o domicilio, siempre que sean contribuyentes de este tributo, tienen la obligación de notificar la nueva residencia, domicilio, sede o establecimiento a la referida Administración, dentro de los *"veinte (20) días del cambio"*, reduciendo la Ley especial el plazo para el caso del cambio de domicilio.

No obstante, por tratarse de una ley con carácter orgánico, se considera que, debe privar el lapso concedido por el Código Orgánico Tributario.

11.- Comparecer ante la Administración tributaria cuando su presencia sea requerida

Comparecer ante la Administración tributaria nacional cuando su presencia sea requerida, es un deber formal establecido en el numeral

7° del artículo 155 del Código Orgánico Tributario que, se encuentra sujeto o implica de un requerimiento previó realizado por la Administración tributaria nacional, el cual si guarda relación con un procedimiento, de acuerdo con el artículo 159 *eiusdem* podrá ser cumplido *"personalmente o por medio de representante legal o voluntario"* indicando el referido artículo que *"quien invoque una representación acreditará su personaría en la primera actuación"*.

12.- Otros deberes establecidos en la normativa tributaria

Entre los demás deberes formales, establecidos en la normativa tributaria se encuentra el establecido en el numeral 8° del artículo 155 del Código Orgánico Tributario que señala el dar cumplimiento a las *"resoluciones, órdenes, providencias y demás decisiones dictadas por los órganos y autoridades tributarias"*, entre las cuales se destaca el cumplimiento de los calendarios tributarios establecidos por la Administración tributaria nacional para los sujetos pasivos calificados por esta como especiales para el cumplimiento de sus deberes.

Así como, el deber de realizar las retenciones correspondientes, el cual será tratado en el Capítulo siguiente.

Otro deber formal establecido en la Ley de Impuesto sobre la Renta es el de designar un Representante ante la Administración tributaria nacional para efectos fiscales establecido para las sociedades en nombre colectivo, en comandita simple, en comandita por acciones, las comunidades y cualquier otro tipo de sociedad de personas, incluidas las irregulares o de hecho y los Consorcios de acuerdo al artículo 10 *eiusdem*.

Capítulo IV
La Retención Como Deber Formal En La Imposición Sobre La Renta

La retención, es una obligación establecida en la normativa tributaria para cierto tipo de sujetos pasivos que, de acuerdo a sus actividades son considerados para ejercer ciertas funciones a favor del sujeto activo frente a otros sujetos pasivos.

Como se indicó *supra*, los sujetos pasivos dentro del marco normativo venezolano y en la doctrina especializada en materia tributaria, han sido clasificados entre contribuyentes y responsables, incorporándose dentro de los responsables una categoría de sujetos denominada *"Agentes de retención"* definidos en el Capítulo I, los cuales entre otras cosas tienen el deber de cumplir con prestaciones de hacer frente a otros sujetos pasivos y frente a la Administración tributaria nacional como ente acreedor del tributo.

El deber de retener en el impuesto sobre la renta

La obligación de retener en el impuesto sobre la renta, por tratarse de un tributo que grava el incremento del patrimonio, producto de la percepción por parte del sujeto obligado de un enriquecimiento neto, se practica en la fuente, teniendo el pagador el deber de practicar la sustracción al momento mismo de generar el pago o el abono en cuenta.

Así las cosas, se entiende por retención la "operación que consiste en que el sujeto pagador de una determinada suma de dinero detrae" reste o deduzca "de la misma un porcentaje predeterminado por la ley o el reglamento aplicable, a los fines de entregarla al ente exactor o sujeto activo correspondiente", todo ello "a título de anticipo del tributo que, por la recepción de dicha cantidad, le corresponde satisfacer al receptor del pago"[202].

De la definición planteada, se aprecia que, la retención posee una finalidad fiscal de asegurar para el ente recaudador la percepción del tributo de manera anticipada, a medida que se produce, vale decir, durante el período o ejercicio fiscal gravado, lo cual asegura para el Estado el "rápido y regular flujo de los recursos, evitando, además, la erosión del impuesto por la desvalorización monetaria"[203], siendo un mecanismo *seguro* para hacerse del tributo.

Asimismo, esta finalidad permite a la Administración tributaria nacional, establecer mecanismos de control sobre el tributo percibido, visto que, al realizarse y enterar el tributo retenido, se le proporciona a la Administración tributaria cierta información sobre los enriquecimientos del contribuyente, que luego puede cruzar con la información presentada por este último en su declaración, siendo que, este deberá indicar en su declaración definitiva los montos pagados bajo el concepto de anticipos.

En ese orden de ideas, en la retención se pueden identificar los siguientes elementos:

1.- Agente de retención o sujeto pagador: es la persona natural o jurídica, facultada por la normativa tributaria para deducir, restar o retener el tributo y enterarlo a la Administración tributaria nacional,

2.- El supuesto económico que se encuentra sometido a retención y encuadra con la configuración realizada por el legislador en la Ley o normativa de desarrollo de esta,

---

[202] FRAGA PITTALUGA, Luis, SÁNCHEZ, Salvador y VILORIA Mónica. *La retención en el Impuesto sobre la Renta*, Fundación Defensa del Contribuyente, Caracas-Venezuela, 2002, p. 16.
[203] JARACH, Dino: *Finanzas...*, cit., p. 480.

JORGE E. MELEÁN BRITO

3.- La alícuota o porcentaje que debe ser aplicado al supuesto económico sometido a retención,

4.- La base imponible sometida a retención, vale decir, el monto pagado o abonado al beneficiario que debe ser retenido, y

5.- El beneficiario del pago o contribuyente, al cual se le practica la retención y quien incluirá la misma en su declaración como anticipo del impuesto para ser reconocida en su obligación tributaria.

En la Ley de Impuesto sobre la Renta el artículo 84 dispone la imposición de la condición de agente de retención en los siguientes términos: *"La Administración Tributaria, mediante providencia de carácter general, podrá designar como responsables del pago del impuesto en calidad de agentes de retención o percepción, así como fijar porcentajes de retención y percepción"*, con lo cual, se aprecia que, la facultad de retener el tributo gravado no es ilimitada e indeterminada, sino que, se encuentra sujeta a la designación realizada por la Administración tributaria o la norma de desarrollo correspondiente, la cual además fijara el porcentaje aplicable por concepto de retención.

Continua el referido precepto 84 de la Ley de Impuesto sobre la Renta señalando que, la designación como agentes de retención recaerá sobre *"quienes por sus funciones públicas o por razón de sus actividades privadas intervengan en operaciones gravadas con el impuesto establecido en"* la presente ley *"o efectúen pagos directos o indirectos, así como a los deudores o pagadores de enriquecimientos netos, Ingresos brutos o renta bruta a que se contrae"* esta ley.

Asimismo, la norma *in comento* dispone en su Apartado único que: *"La retención del Impuesto debe efectuarse cuando se realice el pago o abono en cuenta, lo que ocurra primero. Se entenderá por abono en cuenta las cantidades que los deudores o pagadores acrediten en su contabilidad o registros"*.

La designación como Agente de retención supone para el contribuyente asumir una doble condición frente a la Administración tributaria nacional, por una parte será contribuyente por los enriquecimientos netos globales que obtenga durante un ejercicio fiscal, los cuales podrán ser enterados durante el ejercicio fiscal mediante la presentación de la declaración estimada de rentas o ser enterados al finalizar el ejercicio fiscal, una vez realizada la declaración definitiva de rentas y por la otra será responsable frente a la Administración tributaria nacional de retener y enterar el tributo de un tercero.

De acuerdo a esta situación, veremos que, por designación de la ley para el sujeto obligado designado como agente de retención nacen dos (02) tipos de deberes, uno formal y otro material.

El deber formal se desprende de la obligación de aplicar la normativa tributaria y realizar el correspondiente juicio de hecho y de derecho que permita conocer cuando practicar la retención, el porcentaje, la forma, tiempo, procedimiento y conservar los soportes que permitan individualizar esas partidas o dinero de su propio patrimonio.

Por su parte, el deber material será el de posteriormente enterar este dinero al ente recaudador bajo la premisa de anticipos del beneficiario del pago o contribuyente, deber que no será abordado por cuanto, no es objeto de estudio del presente trabajo.

Asimismo, la aplicación de este deber formal por parte del Agente de retención, origina para el beneficiario del pago o sujeto obligado a retención, de desplegar ciertas conductas que faciliten la actuación del agente de retención y a su vez, le permitan individualizar sus anticipos frente a la Administración tributaria nacional para el momento de su declaración definitiva de rentas.

Actualmente, la regulación de la retención en el impuesto sobre la renta está establecida tanto en la Ley de Impuesto sobre la Renta como en el Reglamento Parcial de la Ley de Impuesto sobre la Renta en Materia de Retenciones[204].

En cuanto a la Ley, la misma regula la retención del impuesto en cuanto a los dividendos, situación que fue mencionada *supra*.

Ahora bien, respecto al referido Reglamento, se encuentran reguladas las retenciones que deben ser realizadas por los deudores o pagadores de los enriquecimientos netos o ingresos brutos señalados en los artículos 27, 32, 35, 36, 37, 39, 40, 41, 42, 51, 53, 65, 66 y 68 de la Ley de Impuesto sobre la Renta.

De los aspectos tratados, se aprecia que, la retención como deber formal dentro del impuesto sobre la renta puede clasificarse de la siguiente manera:

1.- Deberes formales del Agente de retención: los cuales comprenden:
A.- Determinar la retención
a.- Personas naturales residenciadas o no en el país
B.-Actualizar la determinación cuando varie la información
C.- Informar al beneficiario de los montos y emitir comprobantes de retención
D.-Informar a la Administración tributaria de los sujetos pasivos que son objeto de retención
E.- Emplear formularios y guías para la retención
F.- Conservar la información suministrada por el sujeto pasivo objeto de retención

---

[204] Decreto N° 1.808, publicado en Gaceta Oficial de la República Bolivariana de Venezuela, N° 36.206 del 12 de mayo de 1997.

2.- Deberes formales del Beneficiario del pago o contribuyente: los cuales comprenden:

A.- Suministrar información al Agente de Retención

B.- Realizar la determinación de la retención del beneficiario de sueldos, salarios o remuneraciones similares bajo relación de dependencia

C.- Actualizar la determinación cuando varie la información

D.- Deber de conservar y anexar los comprobantes a la declaración definitiva de rentas

1.- Deberes formales del Agente de Retención

El deber formal de realizar la retención, trae consigo la necesidad que el Agente de retención realice un número determinado de prestaciones frente al beneficiario del pago o del enriquecimiento neto o ingreso bruto sujeto a gravamen del impuesto sobre la renta, que permitan garantizar su correcta percepción y posterior presentación ante la Administración tributaria nacional.

Entre los deberes formales se encuentran:

A.- Determinar la retención

La determinación como se indicó *supra* consiste en un conjunto de actos que, permiten constatar aplicación de los supuestos contemplados en la normativa tributaria, con el propósito de conocer el *quantum* adeudado por concepto de tributo.

En ese sentido, como hemos analizado hasta ahora por las características complejas del impuesto, se ha establecido que, este deber pesa sobre el sujeto obligado y en forma indirecta sobre la Administración tributaria nacional u otro órgano, caso de la determinación de oficio o la determinación judicial.

En el caso de la determinación de la retención del impuesto sobre la renta, se observa que, se mantiene este supuesto, para el caso de las retenciones reguladas en el Reglamento parcial de la Ley de Impuesto sobre la Renta en Materia de Retenciones, para el caso de las personas naturales residenciadas o no que obtengan enriquecimientos provenientes de sueldos, salarios o demás remuneraciones similares bajo relación de dependencia.

No obstante, cuando el beneficiario del pago descrito *supra* no realice la determinación y proceda a la correspondiente notificación del porcentaje al Agente de retención, de acuerdo con el artículo 6 del referido Reglamento, corresponderá al Agente de retención practicar la determinación del tributo, siguiendo el procedimiento establecido en el artículo 5 *eiusdem*.

Todo ello, sobre la base de *"la remuneración que estime pagarle o abonarle en cuenta en el ejercicio gravable, menos la rebaja de impuesto de diez unidades tributarias (10 U.T.) que le corresponde por ser persona natural"*, ello en el caso que, se trate de retenciones por concepto de sueldos, salarios o demás remuneraciones análogas por relación de dependencia.

Para las demás retenciones contempladas en el Reglamentos parcial de la Ley de Impuesto sobre la Renta en Materia de Retenciones, así como la retención por dividendos establecida en la Ley de Impuesto sobre la Renta, es deber del Agente de retención, aplicar los porcentajes establecidos en la norma tributaria y realizar la correspondiente determinación de la retención.

a.- Personas naturales residenciadas o no en el país

En el caso de las personas naturales residenciadas o no en el país, el Reglamento parcial de la Ley de Impuesto sobre la Renta en Materia de Retenciones, señala en su artículo 2 y 3 determinadas condiciones para la aplicación de las retenciones por concepto de sueldos, salarios y demás remuneraciones similares, obtenidas por encontrarse bajo relación de dependencia, a saber:

En caso de personas naturales residenciadas en el país, la retención procederá cuando el beneficiario estime obtener un *"total anual que exceda de mil unidades tributarias (1.000 U.T.)"*, por parte del Agente de retención, en caso de no realizar la referida estimación el beneficiario, corresponderá al Agente de retención realizarla.

En cuanto a las personas naturales no residenciadas, la retención se practicará sin observancia del total anual que estime obtener sobre la base de un treinta y cuatro por ciento (34%).

No obstante, si el beneficiario del pago demuestra al Agente de retención que, ha permanecido en el país *"por un período continuo o discontinuo de más de ciento ochenta (180) días en un año calendario"*, se aplicarán las condiciones de retención de las personas naturales residenciadas.

B.-Actualizar la determinación cuando varie la información

La determinación de la retención trae consigo el deber para el Agente de retención de actualizar los montos retenidos, cuando varie la base sobre la cual los mismos se practican.

Asimismo, en el caso de las retenciones practicas al beneficiario por concepto de sueldos, salarios y demás remuneraciones similares bajo relación de dependencia, cuando éste estimare una remuneración anual inferior al monto percibido y no fuere participada su variación al Agente de retención, éste último deberá determinar un nuevo porcentaje de retención[205].

---

[205] Parágrafo segundo del artículo 7 del Reglamento parcial de la Ley de Impuesto sobre la Renta en Materia de Retenciones.

C.- Informar al beneficiario de los montos y emitir comprobantes de retención

El Agente de retención, tiene el deber de informar al beneficiario sobre los datos utilizados para determinar el porcentaje de la retención.

Asimismo, el Agente de retención, tiene el deber de entregar al beneficiario un comprobante por cada retención que indique "*el monto de lo pagado o abonado en cuenta y la cantidad retenida*". El comprobante que corresponda a la última retención realizada en el año gravable al beneficiario deberá indicar la suma de lo "*pagado y el total retenido*"[206].

En tal sentido, el Agente de retención tiene el deber de informar al beneficiario que, suministre la información requerida para la determinación de la retención, de cualquier observación o error en la que este incurriera al momento de cumplir el referido deber[207].

D.-Informar a la Administración tributaria de los sujetos pasivos que son objeto de retención

El deber formal del Agente de retención de informar a la Administración tributaria del domicilio del sujeto pasivo que es objeto de retención, se encuentra señalado en el artículo 23 del Reglamento parcial de la Ley de Impuesto sobre la Renta en Materia de Retenciones, el cual dispone que dentro de "*los dos (2) primeros meses del ejercicio fiscal siguiente o de los dos (2) meses siguientes a la fecha de cesación de los negocios y demás actividades*", el referido agente deberá presentar una "*relación donde consten la*

---

[206] Artículo 24 del Reglamento parcial de la Ley de Impuesto sobre la Renta en Materia de Retenciones.
[207] Parágrafo tercero del artículo 4 del Reglamento parcial de la Ley de Impuesto sobre la Renta en Materia de Retenciones.

identificación de las personas o comunidades objeto de retención, las cantidades pagadas o abonadas en cuenta y los impuestos retenidos y enterados durante el año o período anterior".

Continua el referido precepto 23 del Reglamento *in comento* señalando que, en caso que, el agente de retención se trate de una lotería, hipódromo u otro establecimiento similar de carácter público o no, *"la relación anual deberá contener el total de los premios pagados, el impuesto retenido y enterado y la cantidad repartida a los beneficiarios de los premios"*, lo cual, facilita a la Administración tributaria nacional cruzar la información presentada tanto por el agente de retención, como por el beneficiario del pago en uso de sus facultades de control fiscal.

Asimismo, continua la norma indicando que, *"en el caso de cesación de los negocios y demás actividades, la relación mencionada deberá presentarse conjuntamente con la correspondiente declaración definitiva de rentas"*.

E.- Emplear formularios y guías para la retención

El Agente de retención, con la finalidad de facilitar la recolección de la información del beneficiario del pago, deberá emplear los *"formularios que emita o autorice al efecto la Administración Tributaria"* o siempre que esta lo autorice podrá emplear *"listados, discos, cintas o cualquier otro medio utilizado en sistemas automatizados de procesamiento de datos"* en un todo de acuerdo con el artículo 25 del Reglamento parcial de la Ley de Impuesto sobre la Renta en Materia de Retenciones.

Asimismo, dispone el precepto 25 del Reglamento *in comento* que: *"La Administración Tributaria podrá establecer lineamientos generales o específicos, esquemas de programas y sistemas computatizados especiales a ser aplicados a los agentes de retención, los cuales serán publicados en la Gaceta Oficial"*.

F.- Conservar la información suministrada por el sujeto pasivo objeto de retención

El Agente de retención, en los casos que emplee sistemas de procesamiento de datos para el registro de las operaciones de retención, tiene el deber de conservar mientras el tributo no este prescrito[208] la información empleada para la determinación de la retención, todo ello de acuerdo a lo establecido en el parágrafo único del artículo 25 del Reglamento parcial de la Ley de Impuesto sobre la Renta en Materia de Retenciones.

2.- Deberes formales del Beneficiario del pago o contribuyente

Los beneficiarios de pago o contribuyentes del impuesto sobre la renta, que se encuentren sujetos a la retención del tributo, como se indicó en líneas anteriores, soportan ciertos deberes formales frente al Agente de retención relacionados con la aplicación de la normativa tributaria y su obligación de suministrar información que facilite al Agente la retención del tributo.

Entre los deberes a los que se encuentran sujeto los beneficiarios de pagos se encuentran los siguientes:

A.- Suministrar información al Agente de Retención

Los beneficiarios de pagos por concepto de sueldos, salarios y demás remuneraciones similares, bajo relación de dependencia,

---

[208] Manteniendo las consideraciones establecidas en el Capítulo III en relación al deber de conservar los libros, registros y demás comprobantes que sean empleados para la determinación del tributo, mientras este no se encuentre prescrito.

residenciados o no en el país tienen el deber de suministrar al pagador, en el formulario previamente autorizado por la Administración tributaria nacional la información señalada en el artículo 4 del Reglamento parcial de la Ley de Impuesto sobre la Renta en Materia de Retenciones, a saber:

1.- *"La totalidad de las remuneraciones fijas, variables o eventuales a percibir o que estimen percibir de cada uno de sus deudores o pagadores"*,

2.- *"Las cantidades que estimen desembolsar dentro del año gravable por concepto de desgravámenes"* en atención a la modalidad que sea aplicable, a saber; desgravamen único o específicos,

3.- *"El número de personas"* que constituyen su carga familiar y les dan derecho a rebajas del impuesto,

4.- *"Las cantidades retenidas demás en años anteriores"* por concepto de sueldos, salarios o remuneraciones similares, no reintegrados, compensados o cedidos que correspondan a derechos no prescritos,

5.- *"El porcentaje de retención que deberá ser aplicado por el agente de retención, sobre cada pago o abono en cuenta que le efectúe"*.

De acuerdo al parágrafo segundo del artículo 4 del referido Reglamento, la información que tiene a bien entregar el beneficiario del pago deberá ser presentada antes del *"vencimiento de la primera quincena de cada ejercicio gravable y, en todo caso, antes de hacerse efectiva la primera remuneración"*.

La información presentada podrá ser verificada por el Agente de retención quien de acuerdo al parágrafo tercero del artículo *in comento* tiene el deber de notificar al beneficiario de los errores que observe.

B.- Realizar la determinación de la retención del beneficiario de sueldos, salarios o remuneraciones similares bajo relación de dependencia

El beneficiario de pago por enriquecimientos obtenidos por sueldos, salarios o remuneraciones similares, por la prestación de servicios bajo relación de dependencia tiene el deber formal de realizar la determinación de la retención, siguiendo los formularios autorizados por la Administración tributaria nacional.

El procedimiento para la realización de este acto, se encuentra señalado y desarrollado en los numerales del artículo 5 del Reglamento parcial de la Ley de Impuesto sobre la Renta en Materia de Retenciones, a saber:

El beneficiario deberá:

1.- Estimar el total de la remuneración anual, a este resultado le aplicara la modalidad del desgravamen correspondiente, recordando que, tiene el deber de conservar los respectivos soportes una vez se realicen los pagos, la cifra obtenida será expresada en unidades tributarias y se le aplicara la Tarifa N° 1 prevista en el artículo 51 de la Ley de Impuesto sobre la Renta.

2.- Seguidamente al obtener el monto de *quantum*, el beneficiario deberá restarle lo concerniente a las rebajas, que son diez unidades tributarias (10 U.T.) por concepto de rebaja personal, seguidamente *"el producto de multiplicar diez unidades tributarias (10 U.T.) por el número de cargas familiares permitidas por la Ley"* y luego restara si lo hubiere, el monto por impuestos retenidos expresados en unidades tributarias de años anteriores que no se encuentre prescritos.

3.- El resultado obtenido, *"se multiplica por cien (100) y el producto se divide entre el total de la remuneración anual estimada, expresada en unidades tributarias (U.T.). El resultado así obtenido es el porcentaje de retención".*

El Agente de retención podrá en los casos autorizados por la Administración tributaria nacional establecer programas computarizados que ayuden al beneficiario a realizar el referido procedimiento de determinación, siempre y cuando emita el mismo el comprobante al cual se encuentra obligado el Agente de retención.

C.- Actualizar la determinación cuando varie la información

El beneficiario de pagos por enriquecimientos obtenidos por sueldos, salarios o remuneraciones similares, por la prestación de servicios bajo relación de dependencia tiene el deber formal de actualizar la determinación, vale decir, determinar un nuevo porcentaje de retención, que se adapte a la nueva realidad económica que posee.

Este deber, se encuentra señalado en el artículo 7 del Reglamento parcial de la Ley de Impuesto sobre la Renta en Materia de Retenciones, indicando sus numerales que el beneficiario en ese caso deberá:

1.- Determinar el nuevo porcentaje, para ello deberá nuevamente estimar su enriquecimiento total anual y aplicarle las modalidades de desgravámenes que correspondan,

2.- Restar del resultado obtenido, el monto que ya hubiere sido retenido hasta la fecha,

3.- Restar de la estimación del enriquecimiento anual, la suma de remuneración que ya hubiere sido percibida,

4.- *"Dividir el resultado obtenido de acuerdo con el numeral 2, entre el resultado obtenido en el numeral 3, multiplicando la cantidad resultante por cien. El resultado de esta operación es el nuevo porcentaje de retención".*

El resultado obtenido sea positivo o negativo de acuerdo al parágrafo primero del artículo 7 del referido Reglamento, deberá ser presentado al Agente de retención "*antes de la primera quincena de los meses de marzo, junio, septiembre y diciembre del año gravable a los fines de la retención que corresponda*".

D.- Deber de conservar y anexar los comprobantes a la declaración definitiva de rentas

El beneficiario de pagos por enriquecimientos obtenidos por sueldos, salarios o remuneraciones similares, por la prestación de servicios bajo relación de dependencia, tiene el deber de conservar los comprobantes de retención entregados por el Agente de retención y a su vez, el deber de anexarlos en la declaración definitiva de rentas.

No obstante, visto que, materialmente es imposible su inclusión, por cuanto la automatización de la autoliquidación evita que se proceda a anexar documentos, el contribuyente mientras no se encuentre prescrito el tributo tiene el deber de conservar los referidos comprobantes, con la finalidad de soportar los anticipos realizados a la Administración tributaria nacional, bien para que sean reconocidos en el periodo fiscal o le sirvan de comprobante para los periodos siguientes cuando fuere objeto de una retención excesiva.

A tal efecto, es necesario indicar que, debido al proceso inflacionario que sufre Venezuela los conceptos retenidos, con el paso del tiempo pierden su valor y terminan siendo imperceptibles para el beneficiario como un beneficio real de anticipo de impuesto.

Aspectos Generales y Deberes Formales de la Imposición a la Renta en Venezuela

REFERENCIAS

ABACHE CARVAJAL, Serviliano. *La desinstitucionalización del impuesto sobre la renta* Editorial Jurídico Venezolana – Asociación Venezolana de Derecho Tributario, Caracas, 2019.

ABACHE CARVAJAL, Serviliano. "La determinación de la obligación tributaria", *en el Manual venezolano de derecho tributario,* Tomo I, Asociación Venezolana de Derecho Tributario, Caracas-Venezuela, 2013.

ABACHE CARVAJAL, Serviliano. "Repensando la LISLR", *Revista de derecho público*, N° 165 – 166, Universidad Central de Venezuela, Caracas – Venezuela, 2021.

ANDARA SUÁREZ, Lenin. *El acto de la liquidación tributaria, La determinación por la administración tributaria,* Serie Menor, Consejo de Publicaciones, Universidad de Los Andes, Venezuela, 2013.

ANDARA SUÁREZ, Lenin. "El concepto de la autoliquidación en la aplicación de los tributos", en *Revista del Instituto Colombiano de Derecho Tributario*, N° 78, Instituto de Derecho Tributario, Colombia, 2018.

ANDARA SUÁREZ, José. "La autoliquidación: declaración de las operaciones económicas realizadas por los particulares", en Revista del Instituto Colombiano de Derecho Tributario, N° 77, Instituto de Derecho Colombiano, Colombia, 2017.

ANDARA SUÁREZ, Lenin. *La autoliquidación y su incidencia en el sistema de aplicación de los tributos en España*, JM Bosch Editor, Barcelona, 2018.

ANDARA SUÁREZ, Lenin. *Manual de derecho tributario I Derecho sustantivo*, Editor-autor, Mérida, 2018.

ANDARÁ SUÁREZ, Lenin. *Poder y Potestad tributaria, Acerca de las competencias tributarias en la República Bolivariana de Venezuela*, Editor-autor, Mérida, 2010.

APONTE ARCILA, Jonas. "Breves notas sobre los deberes de información en materia tributaria venezolana", *Revista de Derecho y Sociedad*, N° 18, Revista de la Facultad de Ciencias Jurídicas y Políticas de la Universidad Monteávila, Caracas, 2021, pp. 18 y 19. [Página *web* en línea] https://www.derysoc.com/wp-content/uploads/2022/03/DyS-No.-18-%E2%80%93-2022.pdf [Consulta: 2022, noviembre 12].

ATENCIO VALLADARES, Gilberto. *El principio de no confiscatoriedad en materia tributaria. Evolución y Situación actual en España y Venezuela*, Tesis Doctoral, Universidad de Salamanca, Salamanca, 2014.

ATENCIO VALLADARES, Gilberto. "Los responsables tributarios en Venezuela: Algunos supuestos", Revista de Derecho Tributario, N° 145, Asociación Venezolana de Derecho Tributario-Legis, Caracas, 2015, p. 155. [Página web en línea] Disponible: http://avdt.msinfo.info/bases/biblo/texto/REVISTA%20DE%20DERECHO%20TRIBUTARIO%20No%20145%20ENERO%20FEBRERO%20MARZO%202015.pdf [Consulta: 2020, mayo 18].

ATENCIO VALLADARES, Gilberto. "Tributación, regulación y principio de no confiscación en Venezuela", *Revista Instituto*

Colombiano de Derecho Tributario, N° 73, Bogotá D.C., 2015.

CASTILLO CARVAJAL, Juan. "Disponibilidad de la Renta", en el *Manual venezolano de derecho tributario*, Tomo II, Asociación Venezolana de Derecho Tributario, Caracas-Venezuela, 2011.

CAPELLO PAREDES, Taormina. "Ingresos, Costos, Deducciones y Desgravámenes" en *70 años del Impuesto sobre la Renta*, Asociación Venezolana de Derecho Tributario, Caracas-Venezuela, 2013.

CARMONA BORJAS, Juan. "Régimen Impositivo de los Grupos de Sociedades en el Ordenamiento Jurídico Venezolano" en: *Derecho de Grupos de Sociedades*. Centro de Investigaciones Jurídicas de la Academia de Ciencias Políticas y Sociales. Anauco Ediciones C.A., Caracas-Venezuela, 2005.

CAZORLA PRIETO, Luis. *Las llamadas liquidaciones paralelas en el IRPF*, Ciss, Valencia, 1988.

CÓDIGO CIVIL, publicado en Gaceta Oficial de la República de Venezuela, N° 2.990 extraordinario del 26 de junio de 1982.

CÓDIGO DE COMERCIO, publicado en Gaceta Oficial de la República de Venezuela, N° 475 del 21 de diciembre de 1955.

CONSTITUCIÓN DE LA REPÚBLICA BOLIVARIANA DE VENEZUELA, Gaceta Oficial, N° 5.453 extraordinario del 24 de marzo de 2000 (Reimpresión de la Gaceta Oficial N° 36.860 del 30 de diciembre de 1999). Primera Enmienda, Gaceta Oficial, N° 5.908 extraordinario del 19 de febrero de 2009.

DECRETO N° 3.920, publicado en Gaceta Oficial de la República Bolivariana de Venezuela, N° 41.678 de fecha 19 de julio de 2019.

DECRETO CONSTITUYENTE MEDIANTE EL CUAL SE DICTA EL CÓDIGO ORGÁNICO TRIBUTARIO, Gaceta Oficial de la República Bolivariana de Venezuela, N°6.507 extraordinario del 29 de enero de 2020.

DECRETO CON RANGO, VALOR Y FUERZA DE LEY DE IMPUESTO SOBRE LA RENTA, publicado en la Gaceta Oficial de la República Bolivariana de Venezuela, N° 6.210 del 30 de diciembre de 2015.

DECRETO CON RANGO, VALOR Y FUERZA DE LEY DE INSTITUCIONES DEL SECTOR BANCARIO, publicado en la Gaceta Oficial de la República Bolivariana de Venezuela, N° 40.557, de fecha 8 de diciembre de 2014.

DECRETO CON RANGO, VALOR Y FUERZA DE LEY ORGÁNICA QUE RESERVA AL ESTADO LAS ACTIVIDADES DE EXPLOTACIÓN Y EXPLORACIÓN DEL ORO Y DEMÁS MINERALES ESTRATÉGICOS, publicado en Gaceta Oficial de la República de Venezuela, N° 6.120 extraordinario, del 30 de diciembre de 2015.

DECRETO CON RANGO Y FUERZA DE LEY DE MINAS, publicado en Gaceta Oficial de la República de Venezuela, N° 5.382 extraordinario, del 28 de septiembre de 1999.

DE LA GARZA, Sergio. *Derecho Tributario Mexicano*, 18ª ed., Porrúa, México, 2000.

DONGOROZ, Joaquín: "Los sujetos pasivos especiales y su relevancia en la reforma de la Ley de Islr", *El impuesto sobre la renta. Aspectos de una necesaria reforma. Memorias de las XVI Jornadas venezolanas de Derecho Tributario*. Asociación

Venezolana de Derecho Tributario, Caracas, 2017, p. 200. [Página web en línea] Disponible: http://avdt.msinfo.info/bases/biblo/texto/LIBRO%20XVI%2 0JORNADAS.pdf [Consulta: 2020, mayo 18].

FERNÁNDEZ PAVES, María. *La autoliquidación tributaria*, Instituto de Estudio Fiscales-Marcial Pons, Madrid, 1995.

FRAGA PITTALUGA, Luis. *Principios constitucionales de la tributación*, Editorial Jurídica Venezolana, Caracas, 2012.

FRAGA PITTALUGA, Luis, SÁNCHEZ, Salvador y VILORIA Mónica. *La retención en el Impuesto sobre la Renta*, Fundación Defensa del Contribuyente, Caracas-Venezuela, 2002.

GITMAN, Lawrence, *Principios de Administración Financiera*, 11ª ed., PEARSON Addison Wesley, México, 2007.

ITURBE ALARCÓN, Manuel. "El Hecho Imponible", *en el Manual venezolano de derecho tributario,* Tomo I, Asociación Venezolana de Derecho Tributario, Caracas-Venezuela, 2013.

JARACH, Dino. *El hecho imponible*, 2ª ed., Abeledo - Perrot, Buenos Aires, 1971.

JARACH, Dino. *Finanzas públicas y derecho tributario*, Cangallo, Buenos Aires, 1985.

JRAIGE, Jorge. "Distorsiones en la interpretación del concepto de disponibilidad de la renta: El abono en cuenta y las ganancias cambiarias", en *70 años del Impuesto sobre la Renta*, Asociación Venezolana de Derecho Tributario, Caracas-Venezuela, 2013.

LAGO MONTERO, José María: *La sujeción a los diversos deberes y obligaciones tributarias*. Marcial Pons, Madrid, 1998.

LARES MARTÍNEZ, Eloy. *Manual de Derecho Administrativo*, 13ª ed., Sucesión del autor y la Facultad de Ciencias Jurídicas de la Universidad Central de Venezuela, Caracas, 2008.

LEY CONSTITUCIONAL QUE CREA EL IMPUESTO A LOS GRANDES PATRIMONIOS, publicada en Gaceta Oficial de la República Bolivariana de Venezuela, N° 41.667 del 03 de julio de 2019. Reimpresa por error material, Gaceta Oficial de la República Bolivariana de Venezuela, N° 41.696 del 16 de agosto de 2019.

LEY DE IMPUESTO SOBRE LA RENTA, publicada en Gaceta Oficial de la República de Venezuela N° 20.851 del 17 de julio de 1942.

LEY ORGÁNICA DE HIDROCARBUROS, publicada en Gaceta Oficial de la República Bolivariana de Venezuela, N° 38.493, de fecha 4 de agosto de 2006.

LEY 58/2003 GENERAL TRIBUTARIA DEL REINO DE ESPAÑA. Boletín Oficial de Estado (BOE) N° 302, del 18 de diciembre de 2003. [Contenido en línea] Disponible: https://www.boe.es/buscar/act.php?id=BOE-A-2003-23186 [Consultado: 2021, diciembre 20].

LEY DE REFORMA DEL DECRETO CON RANGO, VALOR Y FUERZA DE LEY DE LA ACTIVIDAD ASEGURADORA, publicada en la Gaceta Oficial de la República Bolivariana de Venezuela N° 6.770 Extraordinario de fecha 29 de noviembre de 2023.

LEY DE REFORMA PARCIAL DEL DECRETO CON RANGO, VALOR Y FUERZA DE LEY DE IMPUESTO A LAS GRANDES TRANSACCIONES FINANCIERAS, publicado en Gaceta Oficial de la República Bolivariana de Venezuela, N° 6.697 Extraordinario del 25 de febrero de 2022.

MELEÁN BRITO, Jorge. "Addemdum jurisprudencial Análisis de la sentencia del 02 de agosto de 2016 de la SC-TSJ: Caso Art. 31 LISLR", en *Revista Estado de Derecho Rechtsstaat*, Año 1, N° 2, GIROVOMO, Universidad de Los Andes, Mérida, 2019.

MONTANER FERNÁNDEZ, Raquel. "El criminal compliance desde la perspectiva de la delegación de funciones", *Estudios Penales y Criminológicos*, Vol. XXXV, España, 2015.

MORENO DE RIVAS, Aurora. "Responsabilidad personal de los representantes, gerentes, administradores y asesores tributarios de empresas". *Estudios sobre el Código Orgánico Tributario de 2001*, Livrosca, Caracas, 2002.

NEUMARK, Fristz. *Principios de la imposición* (título original Grundsãtze gerechter und õkonomisch rationaler Steuerpolitik, 1970, Instituto de Estudios Fiscales, Madrid, 2.ª ed., 1994.

PÉREZ ROYO, Fernando. *Derecho financiero y tributario. Parte general,* 23ª ed., Aranzadi, Navarra, 2013.

PERULLES BASAS, Juan. *Manual de Derecho Fiscal (parte general)*, Boch, Barcelona, 1961.

PROVIDENCIA ADMINISTRATIVA N° 0023, de fecha 16 de abril de 2010, publicada en Gaceta Oficial de la República Bolivariana de Venezuela N° 39.407 de fecha 21 de abril de 2010.

PROVIDENCIA ADMINISTRATIVA N° 0034, publicada en Gaceta Oficial de la República Bolivariana de Venezuela, N° 40.207 del 15 de julio de 2013.

PROVIDENCIA ADMINISTRATIVA QUE REGULA EL REGISTRO ÚNICO DE INFORMACIÓN FISCAL (RIF) N°

ASPECTOS GENERALES Y DEBERES FORMALES DE LA IMPOSICIÓN A LA RENTA EN VENEZUELA

0048, publicada en Gaceta Oficial de la República Bolivariana de Venezuela, N° 40.214 de fecha 25 de julio de 2013.

PROVIDENCIA ADMINISTRATIVA N° 0071, publicada en Gaceta Oficial de la República Bolivariana de Venezuela, N° 37.795 de fecha 08 de noviembre de 2011.

PROVIDENCIA ADMINISTRATIVA N° SNAT72018/0141, publicada en la Gaceta Oficial de la República Bolivariana de Venezuela, N° 41.518, publicada el 6 de noviembre de 2018.

PROVIDENCIA ADMINISTRATIVA N° 0232, Gaceta Oficial de la República Bolivariana de Venezuela, N° 37.924 del 26 de abril de 2004.

PROVIDENCIA ADMINISTRATIVA N° SNAT/2005/0056, publicada en Gaceta Oficial de la República Bolivariana de Venezuela, N° 38.136 del 28 de febrero de 2005.

PROVIDENCIA ADMINISTRATIVA N° SNAT/2023/00005, publicada en Gaceta Oficial de la República Bolivariana de Venezuela, N° 42.588 del 14 de marzo de 2023.

PROVIDENCIA ADMINISTRATIVA N° 0063, publicada en la Gaceta Oficial de la República Bolivariana de Venezuela, N° 37.877 del 11 de febrero de 2004.

PROVIDENCIA ADMINISTRATIVA N° 1.697, publicada en la Gaceta Oficial de la República Bolivariana de Venezuela, N° 37.660, el 28 de marzo de 2003.

REAL ACADEMIA ESPAÑOLA. *Diccionario de la lengua española*, Madrid, 2022. [Contenido en línea] Disponible: https://www.rae.es/drae2001/renta [Consultado: 2021, diciembre 20].

REAL ACADEMIA ESPAÑOLA. *Diccionario de la lengua española*, Madrid, 2022. [Contenido en línea] Disponible: https://dle.rae.es/ingreso?m=form [Consultado: 2021, enero 11].

REGLAMENTO PARCIAL DE LA LEY DE IMPUESTO SOBRE LA RENTA EN MATERIA DE RETENCIONES DECRETO N° 1.808, publicado en Gaceta Oficial de la República Bolivariana de Venezuela, N° 36.206 del 12 de mayo de 1997.

REGLAMENTO SOBRE EL CUMPLIMIENTO DE DEBERES FORMALES Y PAGO DE TRIBUTO PARA DETERMINADOS SUJETOS PASIVOS CON SIMILARES CARACTERÍSTICAS, publicado en Gaceta Oficial de la República de Venezuela, N° 35.816 del 13 de octubre de 1995.

RESOLUCIÓN N° 0010, del Ministerio del Poder Popular de Desarrollo Minero Ecológico, publicada en Gaceta Oficial de la República de Bolivariana de Venezuela, N° 41393 de fecha 14 de mayo de 2018.

RESOLUCIÓN N° 904, publicada en Gaceta Oficial de la República Bolivariana de Venezuela N° 322.934, del 21 de marzo de 2002.

ROMERO-MUCI, Humberto. *Los ajustes por inflación en la Ley de Impuesto Sobre la Renta*, Editorial Jurídica Venezolana, Caracas, 1993.

ROMERO-MUCI, Humberto. *Uso, abuso y perversión de la unidad tributaria. Una reflexión sobre tributación indigna*, Editorial Jurídica Venezolana-Asociación Venezolana de Derecho Tributario (AVDT), Caracas, 2016.

RUAN SANTOS, Gabriel. "Aspectos Tributarios de las cuentas en participación", *Boletín de la Academia de Ciencias Políticas y* Sociales, N° 154, Academia de Ciencias Políticas y Sociales, Caracas – Venezuela, 2015.

SAINZ DE BUJANDA, Fernando. *Lecciones de Derecho Financiero*, 10ª ed., Universidad Complutense, Madrid, 1993.

SALA POLÍTICO ADMINISTRATIVA DEL TRIBUNAL SUPREMO DE JUSTICIA, SENTENCIA N° 00479, de 23 de abril de 2008, caso: Tenería Primero de Octubre, C. A. vs Fisco Nacional, *36 Colección Doctrina Judicial del Tribunal Supremo de Justicia, Doctrina Contencioso Administrativa y Tributaria*. Octubre 2007- Diciembre 2008, 123 (Caracas, 2009).

SAMUELSON, Paul y NORDHAUS, William, *Economía con aplicación a Latinoamérica*, 19ª ed., McGraw-Hill, México, 2010.

SOJO BIANCO, Raúl. Apuntes de Derecho de Familia y Sucesiones, 14ª ed., Mobil-Libros, Caracas, 2007.

SOL GIL, Jesús. "El agente de retención o percepción tributario", *Revista de Derecho Tributario*, N° 145, Asociación Venezolana de Derecho Tributario-Legis, Caracas, 2015, pp. 176-177. [Página *web* en línea] Disponible: http://avdt.msinfo.info/bases/biblo/texto/REVISTA%20DE% 20DERECHO%20TRIBUTARIO%20No%20145%20ENER O%20FEBRERO%20MARZO%202015.pdf [Consulta: 2020, junio 9].

SOL GIL, Jesús y CABALLERO, Rosa. "Régimen fiscal de los conjuntos económicos en el ordenamiento jurídico venezolano", *Revista de Derecho* Tributario, N° 161, Asociación Venezolana de Derecho Tributario, Caracas-Venezuela, 2019.

TARSITANO, Alberto. "El principio constitucional de capacidad contributiva" en Horacio A. García Belsunce (Coord.), *Estudios de Derecho Constitucional Tributario*, Depalma, Buenos Aires, 1994.

TRIBUNAL SUPREMO DE JUSTICIA-SALA CONSTITUCIONAL SENTENCIA N° 301, de fecha 27 de febrero de 2007, expediente N° 01-2862. [Contenido en línea] Disponible http://historico.tsj.gob.ve/decisiones/scon/febrero/301-270207-01-2862.HTM [Consultado: 2021, diciembre 20].

TRIBUNAL SUPREMO DE JUSTICIA-SALA CONSTITUCIONAL SENTENCIA N° 390, de fecha 09 de marzo de 2007, expediente N° 01-2862. [Contenido en línea] Disponible http://historico.tsj.gob.ve/decisiones/scon/marzo/390-090307-01-2862.HTM [Consultado: 2021, diciembre 20].

TRIBUNAL SUPREMO DE JUSTICIA-SALA CONSTITUCIONAL SENTENCIA N° 673, de fecha 02 de agosto de 2016, expediente N° 15-0255. [Contenido en línea] Disponible http://historico.tsj.gob.ve/decisiones/scon/marzo/390-090307-01-2862.HTM [Consultado: 2021, diciembre 20].

VANDERBECK, Edward y MITCHELL, Maria. *Principios de contabilidad de costos*, 17ª ed., CENGAGE Learning, México, 2016.

VALDES COSTA, Ramón. *Curso de Derecho Tributario*, 2ª ed., Temis, Bogotá, 1996.

VILLEGAS, Héctor. *Curso de finanzas, derecho financiero y tributario*, 5ª ed., Depalma, Buenos Aires, 1992.

WEFFE HERNÁNDEZ, Carlos. "Inflación, Derecho Tributario y control parlamentario. El ajuste de la Unidad Tributaria como acto administrativo complejo", *Revista de Derecho y Sociedad*, N° 16, Revista de la Facultad de Ciencias Jurídicas y Políticas de la Universidad Monteávila, Caracas, 2020, p. 64. [Página *web* en línea] Disponible: https://www.derysoc.com/wp-content/uploads/2022/03/Derecho-y-Sociedad-No.-16.pdf [Consulta: 2022, enero 23].

Printed in the USA
CPSIA information can be obtained
at www.ICGtesting.com
CBHW030413301024
16599CB00050B/522